BUR

Della stessa autrice in BUR Rizzoli

Sinai

Il volo del corvo timido

Nives Meroi

Non ti farò aspettare

Tre volte sul Kangchendzonga,
la storia di noi due raccontata da me

BUR Rizzoli varia

Pubblicato per

BUR Rizzoli

da Mondadori Libri S.p.A.

ISBN 978-88-17-08819-0

Prima edizione Rizzoli: 2015
Prima edizione BUR: 2016
Settima edizione BUR Varia: dicembre 2023

Seguici su:

www.rizzolilibri.it /RizzoliLibri @RizzoliLibri @rizzolilibri

Introduzione

Alpi Giulie, storie di montagne nascoste

Anni '80. Un giorno d'estate

La "126" blu arranca sui tornanti che dal passo Predil risalgono al rifugio Koca Na Mangartu, alla base della cupola sommitale del Mangart; Romano è alla guida. Al suo fianco, un giovane graniciaro iugoslavo stringe fra le mani un vecchio kalashnikov. "Questa proprio non ci voleva", pensa Romano. Il militare gli ha chiesto un passaggio fino al rifugio e lui non ha potuto rifiutare.

Romano e io stiamo aiutando a rientrare "oltre cortina" Irina e Milan, due giovani cecoslovacchi in vacanza con il loro club alpinistico alla base del Triglav. I due, con una romantica e rocambolesca fuga dal campo-vacanza, erano venuti clandestinamente "di qua" per realizzare un sogno: vedere Venezia. Li avevamo conosciuti mentre cercavano di tornare "di là del muro", derubati di soldi e di vestiti dopo un bagno al Lido. Dopo averli ospitati e rifocillati, stiamo tentando di farli rientrare in Jugoslavia. Il piano è perfetto: io li accompagno lungo il sentiero del versante italiano fino alla cresta del Mangart, e ad attenderli dall'altra parte ci sarà Romano, che in macchina li riaccompagnerà al campo del Triglav.

C'è solo un problema, scavalcare quella forcella significa espatriare illegalmente: arresto, se ci dovessero "beccare" i graniciari...

«Per quanti monti io abbia visto, nessuno eguaglia le Giulie.» Così scriveva a fine Ottocento Julius Kugy, che insieme alle sue guide, capaci bracconieri e scalatori, fu tra i primi a esplorare queste montagne.

Poi vennero le guerre e il mondo fu diviso in due: di qua l'Occidente, di là il blocco comunista che iniziava con la Jugoslavia, e un tratto del confine fra i due mondi correva proprio sulle creste di queste montagne.

In queste terre i confini non erano mai stati una barriera netta, ma da quel momento tutta la linea iniziò a essere sorvegliata, pattugliata estate e inverno dai graniciari, la guardia confinaria jugoslava, e divenne un muro invisibile e invalicabile.

Sono stati anni lunghi e faticosi: per i contadini era difficile raccogliere il "lenzuolo" di fieno del proprio terreno diviso in due dal confine. Raggiungere la cima di una montagna era pericoloso se il sentiero, anche per un solo tratto, correva in territorio iugoslavo.

I graniciari erano giovani che venivano dal Montenegro, dalla Bosnia, dalla Macedonia ma non erano visti di buon occhio nemmeno dagli jugoslavi di qui, che li consideravano un'orda d'immigrati e con un misto di rancore e disprezzo ne subivano l'autorità.

Il loro era un lavoro duro e faticoso, un girotondo senza fine lungo le creste delle montagne, che i ranghi superiori incentivavano con permessi premio per ogni clandestino fermato.

«Sbucavano oltre il ciglio con il mitra spianato e meglio forniti di pallottole che di cibo, avevano anche il grilletto facile.» Così scriveva Ignazio Piussi, il nostro "Ladro di montagne",[1] che molte volte all'uscita di una via o all'inseguimento di un camoscio, era dovuto scappare a gambe levate con le pallottole che fischiavano vicino.

Sembrano le scene di un film, ma sono vicende reali di gente a cui il confine aveva spaccato la terra in due e che per oltre trent'anni si sono ripetute, sempre uguali.

Lentamente la storia internazionale cambiò e anche qui le tensioni si allentarono, ma le Alpi Giulie erano ormai dimenticate dal mondo alpinistico.

Solo chi amava queste montagne continuava ad arrampicare qui, ed esse in cambio donavano a quei pochi irriducibili un alpinismo quasi esplorativo e fuori dalle mode, perché nascosto e isolato.

Un alpinismo fondato su una consapevole autonomia fisica e psicologica, perché su quei sentieri di confine ogni passo all'insù bisognava essere in grado di farlo anche all'ingiù.

Soli e responsabili di vivere, quegli alpinisti salivano le montagne dai versanti opposti e sulla cima si incontravano; e lassù, insieme al pane e al salame condividevano uno sguardo che abbatteva il muro e

[1] Nereo Zeper, *Ladro di montagne - Ignazio Piussi: montanaro, alpinista, esploratore*, Muzio, Padova 1997.

abbracciava l'orizzonte. Alla faccia della Storia e dei suoi confini.

Recingere, delimitare, contrapporre muro a muro... questo può andar bene per la "città", ma non sulle montagne, che da sempre sono vie di passaggio, di scontro e d'incontro di razze, culture, lingue e religioni.

È su queste montagne che, ragazzini, Romano e io abbiamo cominciato a gironzolare per gioco, con allegria e curiosità, ed è qui che abbiamo imparato quell'economia del gesto e del pensiero che è il primo passo per un alpinismo leggero e senza scorciatoie. E da queste piccole montagne alla solitudine degli Ottomila, per noi è stato un passo naturale.

Se tutto va bene, fra qualche mese noi due ripartiremo; se per l'Annapurna o il Makalu, non lo sappiamo.

Curiosi, metteremo semplicemente un passo davanti all'altro, "*Caminante* non c'è un sentiero / il sentiero si fa camminando" (Antonio Machado).

Anni '80. Quel giorno d'estate

... La strada sale ripida e non molla mai, la "126" ha bisogno di tirare fiato. Al primo spiazzo Romano parcheggia e spegne il motore. È pensieroso: riuscirà a scaricare il militare prima che noi sbuchiamo oltre la forcella? E noi tre, riusciremo a vedere il militare in tempo, così da non avvicinarci?

Romano cerca di mascherare la preoccupazione. Nel porta-oggetti ci sono le mie sigarette.

«Pusis?» (Fumi?)

«Hvala, mogu usemiti jos dve» (Grazie, posso prenderne due?)».

Nives Meroi
Agosto 2016

Nota all'edizione tascabile

Non ti farò aspettare ha compiuto un anno e diventa un libro di catalogo. Per festeggiare, ci è piaciuta l'idea di aggiungere un piccolo tassello e presentare uno dei protagonisti della nostra commedia: le Alpi Giulie. Le montagne che ci hanno accolti e consolati durante la prigione della malattia e dove abbiamo ricominciato a muovere i primi passi dopo la scalata del 15° Ottomila.

Per questo motivo abbiamo inserito alcune foto di quel periodo, tra il 2009 e il 2011, delle nostre prime camminate e delle scalate, per ritrovare l'odore delle mani alla fine di una via e la leggerezza che la salita sa donare al cammino.

È da quest'angolo lontano delle Alpi che è cominciato il nostro percorso, ed è qui che ogni volta ci piace tornare.

n.m.

Non ti farò aspettare

Dice che vede il sentiero ondeggiargli davanti agli occhi. Ogni dieci passi si siede, e quando si rialza sento il peso dello sfinimento che lo schiaccia sempre più giù.

Cosa sta succedendo?

Almeno potesse dire dove gli fa male, invece è un malessere sordo e senza contorni, come se l'onda di una marea l'avesse sommerso e nel ritirarsi l'avesse svuotato di ogni forza.

Chi l'ha detto che in discesa rotolano anche i sassi?

Eppure a settemila e cinque non sembrava così grave: sì, era molto stanco, ma a quell'altitudine è normale.

Di certo, non è stato un edema, quello l'avevamo escluso subito; e comunque abbassandosi di quota si sarebbe dovuto risvegliare. E invece lassù, nella "zona della morte", stava meglio che qui, cinquemila metri più in basso.

Non so cosa gli è successo, ma forse avrei dovuto capirlo, mi sarei dovuta accorgere che stavamo toccando il limite. I segni li intuivo ma ho fatto finta di niente.

«Si va avanti. E il tempo, anche lui va avanti; finché dinnanzi si scorge una linea d'ombra.»

Ha cominciato anche a piovere.

Primo atto

UNA DIMENSIONE SCOMODA

(Primavera 2009)

«È tardi! È tardi! Siamo in arciritardissimo!»

Romano sembra Alice e io il Bianconiglio mentre in sosta al terminal di Malpensa scarichiamo i bagagli e salutiamo Loris, l'amico che da qualche anno "ci porta e ci riprende" nel nostro peregrinare fra gli aeroporti. Ormai è tradizione che ci accompagni lui, quasi un rito scaramantico.

Stiamo correndo in Nepal a scalare due ottomila: l'Annapurna e il Kangchendzonga; poi ci mancherebbe solo il Makalu per completare il Grande Slam.

Era l'autunno dell'86 quando Reinhold Messner, per primo, completò l'impresa di salirli tutti; dopo più di vent'anni ancora nessuna donna c'è riuscita, ma ormai siamo al rush finale perché in tre al mondo, pari merito, siamo a undici ottomila.

Ai blocchi di partenza siamo pronte allo scatto verso la terzultima vetta e il traguardo è ormai vicino: diventare la prima donna ad aver salito tutti i quattordici ottomila della Terra.

Maschio o femmina che sia, la bravura di un alpinista non si misura con il numero di cime raggiunte, ma la tappa è importante perché su quelle vette resiste ancora uno degli ultimi baluardi maschili, e quando l'ultimo passo di una donna chiuderà quel cerchio non sarà solo una data nell'elenco delle ripetizioni: quel giorno sarà una festa.

Le altre due alpiniste sono Edurne, spagnola, e Gerlinde, austriaca.

Qualche volta ci incrociamo – in giro per Kathmandu o su una montagna – ma, a parte un po' di chiacchiere del più e del meno, non posso certo dire di conoscerle.

Chissà quale di noi sarà "la prima". A meno di un miracolo so bene che quella non sarò io: con Romano non abbiamo abbastanza soldi per stare "in corsa", e neanche lo vogliamo.

Ragazzini diciottenni, Romano e io ci siamo uniti in cordata a scalare le montagne e poi anche la vita; e sulle Alpi Giulie di casa, abbiamo cominciato a gironzolare per gioco, cioè con nessunissima idea, senza immaginare che un passo dopo l'altro, sotto i nostri piedi avremmo disegnato la strada che ci avrebbe portati qui.

Un cammino nato per caso il nostro; quello di due sognatori a occhi aperti che un giorno hanno acchiappato la vita in un attimo fluttuante di possibilità: «Che ne dici: proviamo a scalare un ottomila?». Da allora, sempre insieme, Romano e io ne abbiamo saliti undici.

Col crescere dell'attenzione attorno all'impresa al femminile, di giorno in giorno le montagne si stanno trasformando in uno stadio dove in ballo non c'è più soltanto l'alpinismo e il titolo di "prima donna", ma anche gli interessi degli sponsor, e dei media che devono offrire al pubblico lo spettacolo di vincitori e vinti. E nella frenesia di questa corsa pazza stiamo vorticando anche noi, perché a questo punto se non appari sui media non sei nessuno – senza media non trovi sponsor – e senza sponsor non possiamo sperare di poter partire in spedizione ogni primavera. Non c'è via di scampo; voglia o no, ci siamo dentro fino al collo.

Ma allora da dove nasce lo strano malessere che ho dentro? Questa sensazione nauseante che sto sbagliando qualcosa.

Avevo cominciato ad avvertirla due anni fa all'Everest, quel parco giochi per gente annoiata. Ma cosa può esserci che non va adesso? Noi stiamo solo cercando il modo per continuare a scalare le montagne, e per fare questo dobbiamo recitare la nostra parte.

Saliti al volo sull'aereo a Malpensa, facciamo scalo ad Abu Dhabi, pernottiamo, la mattina dopo ripartiamo e nel pomeriggio atterriamo a Kathmandu: è il 16 marzo 2009.

Ad attenderci c'è Nima Nuru Sherpa, il titolare dell'agenzia che organizza le nostre spedizioni in Himalaya; baci, abbracci, carichiamo i bagagli in macchina e partiamo.

La strada corre fuori caotica e polverosa, una giungla di traffico feroce e mai rabbioso. Clacson che suonano, nugoli di motorini che ti avvolgono in uno sciame, centauri solitari e famigliole coi bimbi appollaiati in mezzo sul sedile, e poi le viuzze strette, affollate di gente, veicoli e merci.

Ecco il tempietto, sventrato dal grande albero che gli è cresciuto dentro: tutto è come sei mesi fa, non è cambiato niente.

Forse è solo scaramanzia, ma il guardare dal finestrino nel tragitto dall'aeroporto alla città è un'altra formula magica con cui scandisco il viaggio.

Da un paio d'anni, a Kathmandu siamo ospiti di Nima in un appartamento sopra i loro uffici. Non in Thamel, il quartiere "ghetto" per turisti: moderno, pulito e rassicurantemente *continental*; la loro sede è appena fuori, abbastanza lontana dalle ondate migratorie stagionali.

Ormai quest'alloggio lo chiamiamo "casa" perché lì dormiamo, mangiamo, facciamo il bucato e le pulizie: l'acqua calda arriva quando il sole attiva i pannelli sul tetto. Per la spesa andiamo al supermercato vicino, mentre per le piccole cose c'è il negozietto all'angolo, gestito da moglie e marito che si danno il cambio nel corso della giornata. Loro parlano soltanto nepalese e noi appena qualche briciola di inglese ma non importa, in qualche modo riusciamo sempre a far due chiacchiere. Ormai ci conoscono, e a ogni arrivo e partenza ci salutiamo come si usa fra vicini.

Dalla terrazza ho il vizio di sbirciare il tran tran della vita quotidiana: le donne che fanno i mestrieri di casa la mattina, i bambini che giocano per strada dopo scuola, le famiglie che si ritrovano per cena davanti al televisore. E i riti dell'alba, per ringraziare gli dèi e guadagnarsene la benevolenza.

Stavolta, però, niente atmosfere familiari: per questa notte Nima ci sta portando in hotel perché da loro manca l'acqua; aggiunge che domani dovrebbero risolvere il problema e potremo trasferirci lì.

Siamo alle solite: in città scarseggia il carburante e l'energia elettrica è razionata. Negli alberghi attrezzati di generatori, il problema non riguarda i turisti del Thamel, ma la città deve arrangiarsi come può e in questi giorni, senza corrente per far andare le pompe, non sono riusciti a ricaricare d'acqua la cisterna sul tetto e, come se non bastasse, non piove da sei mesi.

Il Paese è di nuovo sull'orlo del precipizio e l'ironia di Nima è ancora più amara: «Non c'è elettricità e la gente dice: "Va bene". Manca l'acqua e sospira: "Pazienza". Ormai siamo talmente assuefatti che ci manca solo di abituarci alle pallottole per strada».

Siamo nel 2009 e la guerra civile è finita da tre anni, ma la situazione è sempre grave e complicata, a rischio di ricadere ancora nell'instabilità politica e sociale. Le prospettive di sviluppo si vanificano di giorno in giorno mentre cresce l'esasperazione della gente che vorrebbe solo sopravvivere.

All'hotel troviamo anche Beni, la giovane e capace alter ego di Nima, e insieme definiamo i particolari della spedizione: le formalità burocratiche sono già state espletate dai gruppi con cui dividiamo il permesso per le cime. Non conosciamo quegli alpinisti e forse neanche li incontreremo; con queste spedizioni condividiamo semplicemente il certificato che, rilasciato dal Ministero del Turismo, dà il permesso di salire le montagne. Noi due quindi dobbiamo soltanto preoccuparci di preparare i bidoni con il nostro equipaggiamento, così che lo staff possa partire via terra con tutta l'attrezzatura per quella che la tribù degli alpinisti chiama il Kangch, la prima delle due montagne che tenteremo di scalare. Romano e io prenderemo l'aereo il giorno successivo e lo raggiungeremo a Biratnagar, da dove insieme proseguiremo il viaggio verso il campo base. Terminata la salita, torneremo a Kathmandu e da lì voleremo a Pokhara per trasferirci alla seconda cima: l'Annapurna.

Dunque appuntamento domani in agenzia, per preparare i bidoni.

Adesso ci aspetta un altro importante rito: a bordo del leggendario "Maggiolone" celeste, alle dieci del 17 marzo, puntualissima, arriva Miss Hawley per la consueta "intervista". L'accompagna il simpatico ragazzo nepalese, da anni suo autista, che le porge il braccio per aiutarla a scendere.

Minuta, curata nel vestire e con appena un filo di rossetto, mentre ti porge la mano per salutarti, da come ti sbircia con gli occhiali calati sulla punta del naso, ti è chiaro fin da subito che è inutile raccontarle favole, perché lei li conosce bene i suoi polli: noi alpinisti.

Di professione giornalista, Elizabeth Hawley da oltre mezzo secolo vive a Kathmandu ed è la memoria storica dell'alpinismo himalayano e delle imprese che a partire dagli anni Sessanta si sono compiute su queste montagne.

Nata a Chicago nel 1923, dopo gli studi universitari Miss Hawley iniziò a lavorare come ricercatore editoriale per la rivista «Fortune», ma ben presto decise di mollare tutto e partire per un avventuroso viaggio attorno al mondo che, attraverso l'Europa, e poi l'Africa e poi il Medio Oriente, la portò nel 1959 ad approdare qui, in questo minuscolo e leggendario Paese incastrato fra due giganti: Cina e India.

Dopo un isolamento durato più di cent'anni, il Nepal aveva da poco riaperto le porte al mondo e stava cominciando il suo lungo e travagliato cammino verso la democrazia. Si erano appena tenute le prime elezioni nella storia del Paese; Elizabeth Hawley pensò di fermarsi qualche anno, giusto il tempo di vedere come il Nepal sarebbe cambiato con l'apertura al mondo, e iniziò a lavorare come corrispondente.

In quegli anni, però, anche un'altra novità si stava affacciando perché, terminate le conquiste dei Giganti della Terra, cominciava una nuova epoca nell'alpinismo himalayano: quella delle prime ascensioni senza ossigeno, le solitarie, le invernali e le grandi vie nuove.

Quando arrivò, Miss Hawley non sapeva nulla di alpinismo, le sfuggivano perfino i motivi che muovevano gli alpinisti. «Qui le montagne sono infestate da uomini talmente matti da voler arrivare fino in vetta» scriveva alla madre.

Poi qualcosa le fece intuire che l'alpinismo poteva essere importante per il suo lavoro e così cominciò a seguire quello strano viavai di uomini sulle cime e iniziò a monitorare tutte le spedizioni in arrivo e in partenza dalle vette himalayane.

Corrispondente per le maggiori riviste alpinistiche mondiali e colossi editoriali come Reuters e «TIME», a oggi, questa grande giornalista ha registrato una mole enorme di relazioni dettagliate che ha anche pubblicato in un catalogo con il nome *Himalayan Database*, una Bibbia virtuale per gli "himalaysti". Ma, prima di tutto, nell'arco di questi cinquant'anni, Miss Hawley ha raccolto un tesoro immenso di racconti e di incontri che fanno di lei una delle più appassionate e autorevoli conoscitrici della storia di queste montagne e una figura unica nel mondo dell'alpinismo, in un ruolo che si è creata su misura.

«Non ho mai preso la decisione di restare,» dice Miss Hawley «semplicemente non sono mai partita.»

Romano e io compiliamo i moduli e rispondiamo alle domande: date e tappe previste, numero di componenti della spedizione, ruoli, curriculum alpinistico, professione, coniugato/separato/single eccetera eccetera. Come sempre tocca a me far la segretaria e riempire i questionari; a Romano, l'artista della cordata, il compito di illustrare il programma della salita.

Al rientro dalla montagna ci sarà una nuova intervista per riportare i fatti come si sono effettivamente svolti.

Oggi è il 20 marzo, ieri saremmo dovuti partire e invece eccoci ancora qua. Per fortuna ci siamo trasferiti nell'appartamento dell'agenzia, e possiamo starcene liberamente stravaccati come a casa.

L'autobus per Biratnagar, su cui viaggiano i nostri cuochi con il materiale, non è riuscito a passare il blocco dello sciopero lungo la strada e così anche noi due dobbiamo aspettare qui.

«La primavera è un periodo molto attivo in Nepal» sogghigna Nima. «Arrivano i turisti, le spedizioni partono e gli scioperanti scioperano... mica possono manifestare durante i monsoni!»

Nelle pianure del Terai le violenze erano diminuite dal 2006, dopo la fine della guerra, ma la situazione sta di nuovo peggiorando e diversi gruppi armati hanno ripreso a combattere.

Tutto era cominciato nel '96 quando i guerriglieri del Partito Comunista Nepalese di orientamento maoista, guidati dal leader Prachanda "il Fiero", iniziarono la lotta armata contro la monarchia del re Birendra. La "guerra del popolo" l'avevano chiamata, «anti-casta e anti-monarchia feudale, per modernizzare la società e abolire la servitù e la proprietà privata». Una guerra civile durata dieci anni che ha ucciso quasi tredicimila persone e dove entrambe le parti hanno calpestato impunemente i diritti della popolazione.

Armato da grandi potenze come India e Stati Uniti, il governo ha ucciso, torturato, fatto sparire dissidenti e costretto i contadini nei villaggi a combattere i maoisti. Dall'altra parte, l'esercito rivoluzionario ugualmente colpevole, che addestrava in campi di detenzione i combattenti reclutati a volte a forza fra studenti, popolazione analfabeta e perfino fra i bambini; e poi assediava Kathmandu con blocchi delle strade e scioperi a oltranza a cui la popolazione era obbligata ad aderire.

Ricordo il primo in cui anche noi eravamo incappati: era la primavera del 2005 e dovevamo andare al Dhaulagiri, la settima cima della Terra che svetta nell'ovest del Paese, proprio di fronte all'Annapurna. Il Nepal intero era bloccato: fabbriche, uffici, negozi; scarseggiavano viveri e carburante e nessun veicolo poteva circolare, neanche i carretti. Perfino le ambulanze, usate spesso come taxi, erano controllate. Armati di bastoni, i manifestanti picchettavano le strade, costantemente sorvegliati da soldati in tenuta antisommossa.

Gli scontri poi erano esplosi, ma poco prima noi eravamo riusciti a scappare su in montagna perché, dopo i primi tre giorni serratissimi, le maglie del blocco avevano cominciato a cedere e i veicoli sgattaiolavano qua e là, con le targhe nascoste da fogli di giornale.

Due terzi del Paese erano ormai sotto il controllo dei maoisti e, nonostante le armi e gli elicotteri, l'esercito non riusciva a strappare ai rivoluzionari il dominio sulle zone montuose.

Quella volta eravamo un gruppo di amici numeroso e variegato; fra spedizione e trekking, eravamo in ventidue. Allora era abituale avere a fianco dei compagni di vagabondaggio, che insieme con noi arrivavano al campo base e, dopo una festa di arrivederci, proseguivano il giro e rientravano a casa.

Seduti in corriera, fra partite a carte, chiacchiere e barzellette, ridevamo fantasticando sulla nostra reazione nel trovarci di fronte a un gruppo di guerriglieri armati e incappucciati; finché, dopo due giorni di cammino, lungo il sentiero nel bosco ci imbattemmo in una porta, sovrastata dalla bandiera rossa con falce e martello: quel momento era arrivato, stavamo entrando nel loro territorio.

Con la caduta della monarchia, nel 2006 la lotta armata era terminata e l'Assemblea Costituente nel 2008 aveva proclamato la nascita della Repubblica Federale. La popolazione aveva inneggiato all'inizio del "nuovo Nepal" ma oggi, dopo appena un anno, il governo con a capo l'ex maoista Prachanda è già sull'orlo della crisi.

Ce lo raccontano Nima e Beni, mentre pranziamo insieme a "casa".

Da quello che ho capito, il problema è l'inserimento degli ex guerriglieri maoisti nel nuovo esercito repubblicano. La storia del reintegro del People Liberation Army, l'esercito maoista, l'avevamo sentita per la prima volta nell'autunno del 2007 quando, atterrati a Kathmandu, avevamo notato l'aeroporto pieno di elicotteri e mezzi siglati «UN», le Nazioni Unite. I nostri amici ci avevano spiegato che era in corso il censimento degli ex guerriglieri, in vista del loro reintegro nelle file dell'esercito regolare, perché questa era una delle condizioni degli accordi di pace.

Il timore adesso è che questa nuova crisi porti al riesplodere delle dimostrazioni popolari e al ritorno all'azione sovversiva di quelle frange maoiste che non hanno ancora abbandonato l'idea della lotta armata.

E in tutta questa confusione Romano e io siamo bloccati qui, coi giorni che passano, due montagne da scalare e i soldi dei permessi già pagati al Ministero. Se almeno non li avessimo versati per entrambe le cime, potremmo scegliere di concentrarci solo su una, e rimandare l'altra all'autunno.

Non siamo ancora troppo preoccupati, alle lunghe attese siamo abituati; un paio d'anni fa abbiamo aspettato qui dodici giorni, prima che l'aereo riuscisse a decollare, per andare al Makalu.

Tutto il giorno stiamo in casa ad attendere notizie: almeno dalle dodici alle sedici c'è la corrente. Romano ha preparato il pranzo e, mentre io sparecchio e lavo i piatti, se ne sta stravaccato sul divano a fare zapping, proprio come a casa.

I tagli nella fornitura dell'acqua, le lunghe code davanti ai distributori di benzina, il programma settimanale degli orari di erogazione dell'energia elettrica: qui è il razionamento dei servizi a scandire le giornate della gente.

Alle diciannove andiamo al Thamel, all'appuntamento di cortesia con la spedizione che divide con noi il permesso per il Kangch. Non sappiamo molto di loro, Nima ci ha detto soltanto che sono una squadra di quattro professionisti e che prima andranno a scalare il Makalu, da dove poi si trasferiranno in elicottero alla seconda montagna, per dirigersi infine verso una terza cima.

Con cordialità un po' asettica, il manager ci omaggia del dépliant che illustra il loro progetto per la conquista dei quattordici ottomila e meticolosamente ci spiega il programma: per la primavera ne sono previsti tre in Himalaya, l'estate sarà dedicata al Karakorum e per il periodo post monsonico torneranno qui.

Poi passa alle singole voci: *royalties* per le cime, voli aerei, elicotteri e mezzi via terra, e poi portatori di bassa e alta quota e staff di campo base, e ancora materiale alpinistico, numero di bombole d'ossigeno, di climbing sherpa e di metri di corda. Su ciascuna montagna, gli alpinisti verranno preceduti da un team che provvederà ad allestire il campo alla base e quelli in parete; al loro arrivo in elicottero verranno seguiti dagli sherpa nella salita e, una volta ridiscesi, in elicottero si trasferiranno alla successiva, dove saranno stati preceduti da un'altra squadra, che nel frattempo avrà predisposto il necessario. E via di seguito. La prima cima è programmata per il 25 aprile.

Mentre lo ascoltiamo annuendo compassati, noi due ci domandiamo: "Quanto può costare quest'anno himalayano?". E prima ancora: "Come si vogliono chiamare queste imprese: record o numeri?".

È vero che non ci sono regole nell'alpinismo e ciascuno fa come vuole; ma in questo modo, con le bombole d'ossigeno a eliminare quasi l'ipossia dell'alta quota, in fila indiana lungo le tracce dei climbing sherpa, su pareti addomesticate in una rete di corde e scalette e imbandite di campi e depositi di bombole... alla fine, che cosa rimane della montagna?

Fino a poco tempo fa, "alpinismo" voleva dire espressione libera come il gioco, aperta alla fantasia, al coraggio nel cercare nuovi percorsi e anche al coraggio della rinuncia e dell'insuccesso. Pulito, leggero, fondato sull'autosufficienza fisica e psicologica e sull'approccio consapevole al pericolo; insomma un confronto aperto con la montagna e con se stessi.

Quell'alpinismo sugli ottomila quasi non esiste più, perché oggi, affetto da un esasperato bisogno di vincere e una paura viscerale di fallire, quello che cerca è spesso soltanto un'adeguata organizzazione, in grado di ridurre al minimo le possibilità dell'insuccesso, per raggiungere un obiettivo il cui valore non è calcolato in qualità ma in quantità. È vero che la mania dei numeri è sempre esistita, ma ciò che conta adesso sono serialità, velocità e successo.

Romano e io siamo due nostalgici fuori moda, spaesati in quest'alpinismo tarantolato, ma come possiamo dire noi cos'è giusto e cos'è sbagliato? In fin dei conti, i pesi e le misure sono pure convenzioni... ma qual è il limite fra la voglia di raggiungere i propri obiettivi e l'ingordigia? Si dice che il mondo è di tutti, però da sempre le regole le dettano i vincitori e in questo caso i vincitori mi sembrano soltanto i soldi.

Il 22 marzo siamo in aereo. Ma, invece che per Biratnagar, stiamo volando a Pokhara. Ieri abbiamo avuto l'ennesima sorpresa: lo sciopero si è esteso ai villaggi intorno e a questo punto non si può prevedere quanto durerà.

Mentre ce lo diceva, guardavo Nima che continuava a parlare ma ero talmente confusa che non riuscivo a pensare a niente. Allora mi sono girata verso Romano e ho visto la mia stessa faccia stordita. Dopo qualche minuto la nebbia si è dissolta e abbiamo cominciato a buttar giù un piano. L'unica soluzione era invertire il programma: prima l'Annapurna e poi il Kangch.

E così adesso stiamo volando a Pokhara per incamminarci verso il campo base. Nel frattempo i nostri cuochi, Prem e Bahadur, tornano indietro per raggiungerci lassù. Lì tenteremo di scalare l'Annapurna e a fine aprile torneremo a Kathmandu per trasferirci al Kangch.

Per prima cosa ieri siamo andati a comprare seicento metri di corda e dieci fittoni. L'Annapurna, così pericolosa, speravamo con tutto il cuore di salirla "in velocità", arrivando già acclimatati dal Kangchendzonga, così da esporci il meno possibile ai rischi di quella parete. Col cambio di programma, invece, l'acclimatamento lo dovremo fare proprio lì, con la lunga serie di saliscendi in parete per dare il tempo all'organismo di adattarsi all'ipossia dell'alta quota. Per questo ci servono le corde: per attrezzare almeno i tratti più difficili ed essere veloci a scappar via se in parete dovesse buttar male.

Duecento chilometri a ovest di Kathmandu, Pokhara è il più importante centro turistico del Paese e punto di partenza dei più conosciuti trekking del Nepal. Da questa cittadina affacciata sulle sponde di un lago, si può ammirare una delle più belle viste sulla catena himalayana: il Dhaulagiri a ovest, l'Annapurna, il Machapuchare fino al Manaslu a est.

Insieme con Tenzing, l'incaricato di Nima che ci accompagnerà al campo base, andiamo all'ufficio del Parco dell'Annapurna a fare il *trekking permit*, e poi prendiamo un taxi per raggiungere l'ultimo paesino da dove comincia il viaggio a piedi.

Quando arriviamo, seduti sul muretto a bordo strada troviamo due portatori, ci stanno aspettando per trasportare i bidoni del nostro bagaglio.

Ci incamminiamo. Questo sarà un trekking breve, basteranno quattro giorni per raggiungere i piedi della montagna.

26 marzo. Siamo fermi all'ultimo lodge prima del campo base, a far passare i giorni aspettando Prem.

Ho la mano tremolante perché abbiamo spalato neve fino a ora. Quando siamo arrivati, ieri pomeriggio, i gestori stavano finendo di ripulire la grande terrazza del lodge; oggi tutto da rifare perché ci siamo svegliati con sessanta centimetri di neve fresca. In piedi dalle otto, mentre facevamo colazione abbiamo visto i due uomini al lavoro e non abbiamo resistito: ci siamo offerti di dare una mano... siamo così ben allenati dall'inverno di casa!

Ci si organizza così: noi spaliamo la neve su un grande *tarpaulin* – il telo in polietilene che, per i suoi mille usi, non deve mai mancare in spedizione –, quand'è colmo, loro lo trascinano via e lo svuotano nel prato.

Questi quattro giorni di cammino sono stati fradici di pioggia e neve. Giù in basso un finimondo di fulmini, vento e pioggia a secchiate; qua e là, cercavamo riparo sotto una tettoia e stavamo con la schiena appiccicata al muro finché accennava a spiovere, poi si scattava come dei centometristi. Alzandoci di quota, ha cominciato a nevicare sottile e con tutto questo "stratempo" non siamo ancora riusciti a vedere le montagne.

Quassù, appena cala la sera si levano il freddo e l'umidità; per un po' ce ne stiamo in camera, a leggere al caldo infilati nel sacco a pelo. Alle diciotto si cena. Fioca, la sala del lodge è illuminata con l'energia prodotta dai pannelli, se durante il giorno c'è abbastanza sole per caricare le batterie. L'impianto di riscaldamento è curioso, diverso da quelli visti finora: di solito una fila di panche e tavoli gira tutt'intorno alla stanza, e in mezzo c'è la stufa alimentata a legna o sterco di yak; qui, invece, una lunga tavolata è posta al centro e, quando sollevi i lembi della tovaglia, vedi che sotto c'è scavata una buca dove la sera piazzano delle stufe a cherosene: ottime per arrostire i piedi e lasciare la schiena gelata, ma soprattutto per intossicare i commensali coi gas della combustione.

Per fortuna "i nostri" non devono arrivare oggi, con tutta questa neve sarebbe dura per i portatori, e comunque sarebbe proprio brutto montare il campo in condizioni simili.

Speriamo che il tempo non vada avanti così.

Il 27 marzo il risveglio è strepitoso: sole e una vista da togliere il fiato. Siamo in mezzo a un circo di montagne bellissime e difficilissime, con tanta neve che si alza in sbuffi verticali sulle creste.

Accidenti che muso duro ha l'Annapurna! È una parete gigantesca, complicata e verticale; nessun percorso è semplice, ovunque ti giri fa impressione.

Chiedo troppo? A dire il vero in questo momento non chiedo proprio niente: a bocca aperta seguo con lo sguardo i virtuosismi delle creste, i torrioni e i contrafforti scolpiti dalle colate di ghiaccio e neve.

Annapurna: "dea dell'abbondanza" vuol dire il suo antico nome sanscrito. *Inshallah* arriveremo in cima, altrimenti no; a me basta che la dea abbia cura di noi e ci lasci tornare a casa.

Che cosa cambierebbe se riuscissimo ad arrivare in cima? Dal punto di vista commerciale, una cima in più. Ma per me e Romano, un'altra montagna salita insieme, passo dopo passo.

Da sempre, a noi piace scalare per andare incontro al cielo, al vento, alla roccia e alla neve e ci bastano poche certezze: il legame con la terra, quello con la vita e le persone, e la paura della morte. Tutto qui.

Al resto ci ha pensato la natura: a insegnarci quell'economia del gesto e del pensiero, che è il primo passo per un alpinismo leggero e senza scorciatoie.

Un alpinismo semplice, fatto di allegria e di curiosità, con le "imprese" non programmate a tavolino ma nate spontanee sotto i piedi, in cerca dell'assonanza con il mondo e della bellezza dell'energia che nasce da quell'incontro.

È cominciato così il nostro cammino, partito dalle montagne di casa e arrivato qui, ai giganti della Terra, che vogliamo continuare a scalare leggeri ed essenziali: senza ossigeno, con il campo in spalla, aperti al coraggio di fallire.

Inutile battersi contro i mulini a vento delle montagne vinte coi soldi. Noi forse siamo dei dinosauri, ma neanche questo alpinismo "da consumare" spero avrà futuro.

L'indomani, il tempo è nuovamente brutto e noi ci siamo beccati il raffreddore.

Da qualche giorno ho una sensazione strana che non so spiegare: è come se non c'entrassi niente con quel che sto facendo. È soltanto una punta di paura o c'è dell'altro?

La nebbia sottile si è trasformata in neve e la sera, nel buio luccicante di fiocchi, arrivano Prem, Bahadur e i portatori. Sono tutti rabbiosi e infreddoliti; Prem non apre bocca ma capiamo che i portatori vogliono più soldi per l'"indennità neve"; con un'occhiata ci dice di starcene fuori, in quattro e quattr'otto li paga e li rispedisce a casa.

Ci conosciamo ormai da diverse spedizioni; di grande esperienza, Prem è una guida capace, un ottimo cuoco e un brav'uomo piuttosto riservato. Anche Bahadur lo conosciamo da anni e non ha ancora perso l'aria scanzonata da ragazzino che, quando mi vede con una sigaretta in bocca, con un sorrisetto mi sfotte: «*Didi, your oxygen bottle!*».

Il 29 marzo saliamo al campo base: sopra il ghiacciaio, su una terrazza erbosa dirimpetto a quella dei lodge.

Nel pomeriggio arriva al galoppo un temporale di fulmini e neve che dura fino a sera; a pallini di polistirolo ne butta giù così tanta che più volte dobbiamo uscire a liberare le tende.

Almeno la mattina successiva comincia con il sole ed è operosa: liberiamo le tende dalla neve, spaliamo i vialetti, svuotiamo i bidoni e stipiamo qua e là vestiti e attrezzatura; prima di pranzo celebriamo la *puja* e facciamo anche i fumenti che Prem e Bahadur ci hanno ordinato per il raffreddore.

Quando arrivi ai piedi di una cima himalayana, per prima cosa devi celebrare una puja per chiedere perdono al dio montagna, che salendo calpesterai sui fianchi, e donargli delle offerte – riso, farina, frutta e birra – per invocare la sua benedizione. Stavolta la liturgia è stata un po' sbrigativa; la scalata non può cominciare prima di aver onorato il rito, ma questa primavera noi andiamo un po' di fretta.

Verso mezzogiorno arrivano due gruppi di alpinisti cechi, che prendono posto nel prato poco più avanti. E così, a salire la montagna, saremo in tutto dieci persone, divise in tre spedizioni, ognuna per la propria via.

C'è una brutta notizia: il BGAN non funziona; non capiamo se è rotto oppure semplicemente se qui non c'è campo. Quest'aggeggio si appoggia a una costellazione di satelliti che ti permettono di essere connesso in qualunque parte del globo, e quindi non capiamo. L'unica certezza, e quella conta, è che non avremo modo di inviare foto e report a sponsor e media.

Un bel problema visto quello che ci è successo l'anno scorso al Manaslu, quando i media non ci avevano "dato per buona" la cima per il nostro ingiustificabile errore di non averlo gridato ai quattro venti appena messo piede su; l'avevamo comunicato dal campo base il giorno successivo, in ritardo rispetto a quelli che in vetta c'erano saliti dopo. Di fronte alle nostre immagini in cima, erano state pubblicate le dovute rettifiche, ma una nota a margine sussurrava maliziosa che eravamo stati aiutati dagli sherpa.

Le montagne sono luoghi nascosti che, per essere conosciuti, devono farsi raccontare: è questo il compito degli alpinisti. Ma, nel vortice dello show business, anche l'alpinismo ha confuso il fine con il mezzo e se fino a ieri i media erano uno strumento per condividere la propria attività e trovare l'aiuto degli sponsor, oggi lo spettacolo è diventato la meta. L'importante è bucare mediaticamente anche a costo di esagerare e di vendere aria fritta.

Uno show amplificato dal bisogno dei grossi sponsor di far fruttare l'investimento e anche dal pressappochismo dei media che raramente sanno di montagna e d'alpinismo, ma sono molto interessati ai titoli.

E, in tutto questo, tante bellissime imprese, anche su cime meno famose, passano inosservate perché l'attenzione del pubblico è dirottata altrove.

Tempo fa girava la storia di un alpinista che, una volta arrivato al Colle nord dell'Everest, ci era rimasto praticamente tutto il resto della spedizione; chi passando di lì lo incontrava, diceva che era costantemente attaccato a telefono e computer a fare interviste e mandare report e foto a sponsor e media.

Ma in questo modo, senza un equilibrio, come puoi riuscire a dedicarti alla scalata, a liberarti dal superfluo e a trovare il silenzio, l'unico garante dell'intimità con la montagna?

Spero che in realtà sia soltanto una barzelletta.

Il 2 aprile il tempo è buono e cominciamo a risalire il fianco del pendio sopra il ghiacciaio. Dopo la brutta avventura di due anni fa, sul versante nord della montagna, Romano e io ci eravamo giurati che, casomai ci fossimo tornati, avremmo riprovato l'Annapurna da sud, da questa parte, che tecnicamente è più difficile ma almeno un po' meno pericolosa che da nord, lungo la via classica francese. E così eccoci qua, a tentare di salire la montagna per la via dei polacchi.

Ci inerpichiamo su prati coperti di neve e canali ripidi di ghiaia, fino al punto in cui bisogna entrare nel ghiacciaio; da qui, in un labirinto di seracchi e crepacci bisogna riuscire a saltare sul plateau, da cui parte la via.

Il caldo è feroce e inchioda le gambe; intorno ai cinquemila facciamo un deposito di materiale per la salita – corde, viveri, attrezzatura per il bivacco – e appena tornati al campo base ricomincia a nevicare.

Dopo due giorni di riposo torniamo su ed entriamo nel ghiacciaio; fra i blocchi accavallati saliamo cercando una via, quando ci infiliamo in un vicolo cieco, in retromarcia ci riabbassiamo e proviamo un'altra strada. Alle tre del pomeriggio ne abbiamo abbastanza, scarichiamo il materiale e torniamo alla tenda.

Con tutto il "campo" sulle spalle, il giorno dopo ci rituffiamo nella seraccata. Il percorso si fa ripido, complesso e pericoloso, e appena arriva il sole si scoppia anche di caldo.

Nel pomeriggio cominciamo a guardarci intorno in cerca di un posto per bivaccare; sotto un seracco, in mezzo ai buchi neri dei crepacci troviamo uno scalino nel ghiaccio: è abbastanza protetto e ci fermiamo qui.

La mattina dopo il cielo è ancora inaspettatamente sereno e alle sette iniziamo i preparativi: di nuovo sciogliere neve per una tazza di caffè, mangiare qualcosa e per ultimo, il più faticoso, la vestizione; anche se siamo soltanto in due, nei due metri quadri scarsi della tenda bisogna muoversi a turno, come dei contorsionisti.

Appena riusciamo a saltare fuori, guardiamo bene attorno. Per tutti questi giorni, sempre col naso all'insù, avevamo scrutato nella seraccata alla ricerca della via migliore per saltare sul plateau. Questa ci sembrava la strada giusta perché, da qui, basta salire un centinaio di metri su roccia per imboccare un facile canale che sbuca sopra la seraccata; ma visto da vicino, ci rendiamo conto che non si passa: è troppo pericoloso.

Delusi smontiamo il campo, lo lasciamo "impacchettato" sotto il seracco e iniziamo a scendere, e intanto continuiamo a cercare; ci sembra di vedere una possibilità più a destra, non è facile ma forse si può fare.

Il cielo si annuvola e quando arriviamo al campo base è già completamente nero; come previsto, ecco l'ennesima perturbazione.

Siamo al 10 aprile e il tempo continua a essere spietato: bufere e nevicate giornaliere; stanotte ne ha buttati giù settanta centimetri. La condensa tappava i pori della tenda e non lasciava filtrare l'aria: tutta la notte abbiamo boccheggiato come pesci, con le ossa doloranti per la lunga immobilità.

Adesso il cielo è sereno, fra un'oretta si chiuderà e ricomincerà a nevicare; ne approfittiamo per lavarci e fare un po' di bucato.

Di là dalle creste, sembra abbiano acceso delle enormi ventole che mulinano la neve in torri opalescenti e poi, in un soffio, le fanno crollare di qua.

I cechi, vicini di campo base, non si capisce che intenzioni abbiano: un paio di volte li abbiamo visti salire verso il Tharpu Chuli, un cinquemila e sei meta dei trekking, che dalla cima offre una vista su tutto il circo dell'Annapurna.

Con l'inattività forzata dal maltempo e la débâcle tecnologica – oltre al BGAN, adesso non funziona neanche il computer – qua sotto non abbiamo altro da fare che leggere. In questi posti lontani dal mondo, dopo la tenda, il libro è il più bel rifugio dalla neve che cade. Al caldo dentro il sacco a pelo, te lo puoi gustare indisturbato, senza nient'altro da fare che leggere, perché qui un libro non è tempo rubato a qualcos'altro.

Adesso il vento si è girato e soffia teso da sud; come una fila di spaventapasseri, i panni pendono ghiacciati: è meglio che li tiri dentro.

Siamo quasi a metà aprile e ormai nevica anche dentro di noi.

Guardare i fiocchi che cadono, ascoltare il ticchettio sulla tenda; dopo un po' si è invasi da una pesantezza e da uno "svaporamento" cerebrale che non sono dovuti all'ipossia: è il peso dei fiocchi di neve, il macigno di questa attesa che sembra non portare a niente.

Dal cielo cadono palline di polistirolo; è neve di tempesta che annuncia la minaccia del naufragio.

Passiamo le giornate sciabattando dal sacco a pelo alla tenda mensa, e dal dolce far niente stiamo scivolando in una pigrizia ovattata che rende pesante ogni gesto. I giorni passano lenti e ogni sera andiamo a dormire sperando che l'indomani sia migliore.

Il rombo delle valanghe avvisa che la montagna si ripulisce scrollandosi della neve caduta.

Anch'io ne avrei bisogno: una bella doccia laverebbe via il freddo e il peso della stanchezza. Se il tempo non fosse così spietato, sarebbe bello mettersi a mollo nel ruscelletto che scorre in mezzo al prato: trovare un angolino riparato e "a pezzi" sciacquare via tutto. Anche se temo che non basterebbe a togliermi di dosso questo senso di sporcizia, questo strano malessere senza nome che non mi lascia in pace.

Il 12 aprile vogliamo salire e rimetterci alla caccia della via per il plateau.

Lungo il traverso dei prati e dei canali io mi muovo lenta e attenta a ogni passo; ma poi mi accorgo che non sono la sola perché anche Romano sale piano e affaticato. Arrivati al deposito a cinquemila, vuole a tutti i costi proseguire, poi per fortuna si convince e, lasciato il sacco con i viveri, torniamo indietro.

Raggiunto il campo base, chiamiamo Paolo per una visita medica telefonica, e dai sintomi descritti – niente di particolare, quelli di un'influenza con raffreddore, tosse e debolezza – lui dice che, visto il luogo dove ci troviamo, è meglio andare sul sicuro e fare un ciclo di antibiotici. Testardo come un mulo, Romano è riluttante ma si deve rassegnare: qui non si rimargina neanche un'escoriazione, figurarsi in alta quota, le sue condizioni potrebbero solo peggiorare.

Anche a me il raffreddore non passa e mi sento fragile come una foglia d'autunno. Quante complicazioni in questa spedizione; chissà perché.

Sull'Annapurna ogni passo è complesso e pericoloso. Siamo qui da quasi venti giorni e non siamo arrivati neanche all'attacco della via; stiamo girovagando nel labirinto della seraccata senza riuscire a saltarci su e, sopra, non sappiamo neanche cosa ci aspetta.

E siamo soli: i cechi hanno sbaraccato e sono partiti per l'Everest, la Cina ha riaperto il confine tibetano. Fra poco anche noi dovremo decidere se insistere qui a oltranza, o porci un termine per andare al Kangch. Alpinisticamente ci piacerebbe stare qui; strategicamente, per la "corsa femminile", sarebbe funzionale tentare il Kangch, che questa primavera si annuncia affollato di spedizioni.

Perché è ovvio: più gente c'è, meno fatica devi fare a battere traccia e fissare corde, e quindi, più possibilità hai di arrivare in cima.

Noi preferiremmo continuare a cacciare la balena bianca, perché questo è l'alpinismo che ci piace.

Qualche volta ci siamo riusciti, a imbarcarci in avventure così, dove la fantasia e il gusto dell'esplorazione sono inversamente proporzionali alle possibilità di successo.

Come la linea dalla bellezza pura che avevamo cominciato a tratteggiare sulla nord del K2, oppure il Makalu tentato d'autunno, noi due completamente soli, e riprovato poi anche d'inverno. Oppure la spedizione al versante inviolato del Gasherbrum II, quando, scaricati dalla carovana di cammelli al fronte del ghiacciaio, come unico orientamento per trovare la montagna, avevamo una cartina cinese e una foto in bianco e nero del Duca di Spoleto, che nel '29 aveva esplorato quella zona.

Ma la "fantasia" sugli ottomila costa, perché là non trovi nessuno con cui dividere la spesa per la logistica e i permessi, e richiede anche tanto tanto tempo. E per Romano, per il quale le spedizioni continuano a essere le ferie, è difficile barcamenarsi.

È per questo, che un colpo al cerchio e uno alla botte, noi due continuiamo a dondolare in altalena, fra gli ottomila in abito classico e quelli d'avventura.

Ancora non trovo il nome della strana sensazione che mi rode. Che sia paura? Oppure vergogna? O senso di colpa? E per che cosa?

L'altro giorno su un libro ho letto una frase, diceva che se i disonesti fossero sempre condannati, le persone perbene si crederebbero continuamente innocenti. Da allora mi gira per la testa come un ritornello.

Romano continua la terapia e dice di stare meglio; la conferma l'avremo quando torneremo in parete. Dea Annapurna, abbi cura di noi.

Il 18 aprile si parte. La neve tiene e, naso all'insù, continuiamo a studiare la seraccata.

Man mano che saliamo avvertiamo una strana sensazione.

Cala la nebbia, ma di colpo restiamo stupefatti quando capiamo cosa c'è che non va: la nostra via non esiste più. È crollato tutto. Girovaghiamo sotto seracchi penzolanti in mezzo a crolli di ghiaccio enormi; attraversiamo ponti di neve inconsistenti sopra buchi paurosi. Come in un labirinto continuiamo ad arrivare a vicoli ciechi che ci costringono a girare in tondo trattenendo il fiato.

Sono le tre, da quasi dodici ore siamo partiti dal campo base e non capiamo più dove siamo né dov'è la nostra tenda impacchettata. Imprigionati dalla nebbia cominciamo a dubitare.

L'ennesima giravolta e Romano vede le bandierine: cinquanta metri sotto di noi sulla sinistra, ma non sappiamo come arrivarci. Non c'è tempo per scoraggiarsi, qui rischia di crollar giù tutto da un momento all'altro.

Troviamo un passaggio e in pochi minuti arriviamo. Velocissimi, scaviamo e recuperiamo la roba, la carichiamo negli zaini e via come fulmini. Scappiamo da quel girone infernale, ci abbassiamo fin dove siamo fuori pericolo e, lì, ricominciamo a respirare.

Montiamo la tenda e ci buttiamo dentro sfiniti, prosciugati dallo sforzo e dalla tensione. La notte non è poi male: parliamo e valutiamo cosa fare.

Il giorno dopo ci alziamo e continuiamo a scrutare: forse perché non ha nevicato tutto l'inverno e i crepacci sono rimasti scoperti, col caldo si stanno spalancando sempre più, e come in un domino i seracchi vengono giù uno dopo l'altro.

Da quando abbiamo montato il campo il 5 aprile, in meno di quindici giorni è crollato tutto. Ovunque giri lo sguardo è una roulette russa.

Non è la solitudine che ci spaventa, a quella siamo abituati. Delle nostre undici cime oltre gli ottomila metri, la maggioranza sono quelle che abbiamo scalato da soli, con nessun altro a condividere la fatica della traccia e l'incertezza della via, spesso per primi, a volte unici nella stagione. Come il nostro "K *in* 2", in completa solitudine, con il Collo di Bottiglia scalato in cordata come una via alpina; oppure il Dhaulagiri, lungo le tracce abbandonate dei primi salitori.

In questo modo, le montagne ci hanno insegnato a muoverci consapevoli del rischio, soppesando ogni singolo passo fatto all'insù, per essere in grado di ripercorrerlo anche all'ingiù.

Responsabili di vivere, abbiamo imparato a essere liberi di scegliere ciò che è necessario e, con disciplina, a riconoscere quand'è il momento di scappar via, senza vergogna.

Per questo oggi, sciolta ogni perplessità, smontiamo il campo e lo infiliamo negli zaini; prendiamo su anche le corde e, carichi come muli, scendiamo verso il campo base.

Prem e Bahadur ci preparano un piatto di pasta mentre raccontiamo loro cos'è successo lassù. E pensare che ci avevano costruito un altare bellissimo per la puja!

Dopo mangiato telefoniamo a Beni: la spedizione è finita, torniamo a Kathmandu.

Il giorno seguente ci svegliamo presto per smontare il campo. Già alle sei e mezza della mattina, i portatori sono qui: simpatici e sorridenti, si dividono i carichi e partono.

Noi due scendiamo per i fatti nostri, liberi di mugugnare.

È la seconda volta che tentiamo di scalare l'Annapurna: ci avevamo già provato nel 2006 e anche quella volta la montagna ci aveva respinti ma "graziati", lasciandoci bianchi di neve e di paura dopo il crollo di un seracco, staccatosi proprio sulla nostra verticale. In mezzo al ripido pendio lo guardavamo precipitare su di noi, impotenti. Poi era successo qualcosa, il caso, un miracolo chissà... qualche secondo prima, il blocco enorme aveva sbattuto frantumandosi sulle rocce e, scavalcati noi, aveva bombardato il pendio un centinaio di metri più giù, coprendo un fronte largo quasi un chilometro.

Nessuno aveva aperto bocca, non ci eravamo nemmeno guardati in faccia: girati i tacchi e in silenzio fino giù, al campo base.

Oscar Wilde diceva: «Quando gli dèi vogliono punirci accolgono le nostre preghiere». A ogni cima mancata me lo ripeto come un mantra e anche questa volta non sono rabbiosa, solo un po' triste.

È stato proprio con un fallimento che è cominciata la mia "carriera himalayana". Era il 1994 e volevamo cercare di raddrizzare la via dei giapponesi al versante nord del K2. Primi passi umani, stavamo tracciando un bianco intatto da sempre; alle quattordici avevamo oltrepassato gli ottomila e quattro, ancora convinti che esistesse un collegamento fra lo spigolo e la cima. A 8450 avevamo scoperto che il passaggio non c'era: eravamo a centocinquanta metri dalla vetta e la nostra via dalla bellezza pura finiva lì, su una torre isolata a un passo dalla meta.

Ci erano voluti mesi a mandare giù il rospo, ma col tempo l'avevo capito: era stato un bene cominciare da subito ad allenare l'umiltà.

Lungo il sentiero che ci riporta a valle, ogni tanto incrociamo Prem e Bahadur che vanno a elastico per seguire i portatori e farsi qualche birretta ai lodge.

Verso le quattordici inizia a piovere, in un attimo a diluviare e poi a grandinare. Acqua da sopra, di lato e perfino da sotto in su: l'ombrello è inutile e in men che non si dica siamo fradici, ma incarogniti andiamo avanti fino a Chomrong, l'appuntamento è alla guest house. Nel cortile strizziamo i vestiti, ci cambiamo e beviamo tazze e tazze di tè, passano le ore e arriva sera, ceniamo. Stanchi e un po' allegri alle ventuno appaiono i nostri due; i portatori si sono messi al riparo lungo la via, spiega Bahadur, ci raggiungeranno domani.

Il giorno dopo arriviamo alla strada; al bar del paese offriamo un giro di birre ai portatori, poi un altro giro con amici di Prem e Bahadur, e finalmente saliamo in autobus e partiamo.

Il 23 aprile voliamo a Kathmandu e andiamo dritti a "casa".

La mattina seguente incontriamo Miss Hawley che, al rientro dalla montagna, sottopone gli alpinisti al nuovo colloquio, a volte anche torchiandoli come in un terzo grado, in cui prende nota di date effettive, quote, campi, bivacchi, ossigeno sì/no, climbing sherpa sì/no, tempo impiegato per raggiungere la vetta, eventuali elementi di rilievo notati lungo la salita, vista esatta da lassù con, negli ultimi anni, visione di immagini e filmati. È un lungo lavoro di interrogatori e controlli incrociati il suo, per raccogliere e trasmettere dati il più possibile reali. Una volta accertata la salita, la registra nel suo database; in caso contrario non la certifica; nel dubbio, indica la cima come "*disputed*".

Un carattere deciso, di grande istinto, scrupolosa fino a essere tagliente, capace di sfrondare i fatti dagli eccessi che permeano tanto di quel che accade sulle pareti e abile nell'inchiodare omissioni e mezze verità. Miss Hawley conosce come nessun altro al mondo tanti alpinisti e tante storie di scalate himalayane. Ma oltre al mondo dell'alpinismo himalayano e all'amicizia coi grandi che ne hanno scritto la storia come Reinhold Messner e Edmund Hillary, in qualità di Console Onorario della Nuova Zelanda in Nepal, Miss Hawley ha conosciuto anche le maggiori personalità della politica e della diplomazia internazionale della capitale. E nei suoi cinquant'anni di vita al centro di questa società, ha documentato anche la vita politica e sociale del Paese nel suo turbolento passaggio dalla monarchia alla democrazia.

Dalla rivolta che nell'89 portò alla nascita della monarchia costituzionale, alla "guerra popolare" maoista, alla strage nel palazzo reale del 2001, fino al termine del conflitto con l'abolizione della monarchia, Elizabeth Hawley era lì, imperturbabile, a registrare le vicende degli anni bui che hanno travagliato il Paese.

In quattro e quattr'otto Romano e io rispondiamo alle sue domande; non c'è molto da dire visto che non abbiamo combinato niente. Alla fine, con un misto di humour e affettuosa preoccupazione, lei ci augura buona fortuna e ci dà un nuovo arrivederci.

Il resto della giornata lo impieghiamo a cercare soluzione ai disastri tecnologici; Nima ci dà una mano e ci presta un telefono e un notebook.

Da Kathmandu, il 25 aprile voliamo a Biratnagar, nell'estremo sudest del Paese a venti chilometri dall'India, da dove proseguiremo il viaggio per avvicinarci al Kangch.

Quando ti affacci al portellone dell'aereo, il caldo ha la densità di uno schiaffo che ti toglie il respiro, perché questo è il Terai, l'ultima propaggine della bollente pianura indiana.

Estremamente povera, questa è la zona industrializzata del Nepal e crogiolo di etnie; Biratnagar è una delle più grandi città del Paese e snodo cruciale per gli scambi con la potente India, che assorbe gran parte delle esportazioni e in cambio fornisce investimenti, merci e uno sbocco sul mare.

È proprio per questo che la miriade di gruppetti politici chiamati "maoisti" approfitta per indire gli scioperi che bloccano il Paese. Quale miglior modo per essere visibili che sbarrare le strade che da qui portano un'infinità di prodotti: riso, generi quotidiani, fino a quel petrolio che, pagato col contagocce, alla stessa maniera viene fornito.

A farci da guida in questo viaggio c'è Kami, parente e collaboratore di Nima. Originario di Namche Bazar, un paese ai piedi dell'Everest, Kami è un ottimo cicerone ed è interessante stare ad ascoltarlo. Ci spiega che i vari gruppi maoisti sono estremamente variegati, e tutti protestano proprio per le mancate promesse dei maoisti al governo, accusati di aver abbracciato stili di vita opulenti e vanificato i risultati della guerra civile; e soprattutto queste bande armate fanno leva sulla voglia di indipendenza della molteplicità di etnie di questo Paese, che conta più di cento gruppi etnici, ciascuno con la sua lingua.

Il Terai è l'area più arretrata e oppressa del Paese, ma finora Kathmandu si è preoccupata solo di contenere la violenza, e non di prendersi cura della gente affrontando i problemi della povertà e della disuguaglianza, e poi la mancanza di assistenza medica, l'analfabetismo, le discriminazioni tra etnie e la repressione delle donne: i nodi alla radice di questa violenza.

Di nuovo uno contro l'altro: da una parte Kathmandu, centro del potere, e dall'altra questi gruppi che hanno ripreso a protestate con violenze e blocchi delle strade. E di nuovo fra l'incudine e il martello, impotente, la popolazione, specie quella delle zone remote.

L'autobus di linea su cui viaggia il nostro staff è bloccato da uno sciopero a cento chilometri da qui; e anche noi veniamo fermati appena pochi chilometri dopo Biratnagar. Nella colonna passano le solite ambulanze senza feriti, la polizia transita e si eclissa e gli automobilisti devono arrangiarsi a trattare con gli scioperanti.

Dopo qualche ora sotto il sole feroce, la controversia si risolve e gli scioperanti tolgono il blocco; a sera arriviamo a Bhadrapur, la "città del tè", uno dei più antichi insediamenti del Paese.

La mattina successiva andiamo alla stazione delle corriere a prendere l'autobus che parte alle dieci, ma a volte anche un po' dopo, dipende da quando riescono a completare il carico di viaggiatori e merci. Non sembra esserci limite al numero di passeggeri: giovani e vecchi si appollaiano fin sul tetto, fra imballaggi di ogni sorta e stie piene di polli.

Il viaggio è faticoso: fa un caldo soffocante e siamo schiacciati come sardine su sedili che spaccano la schiena. Il nostro posto è davanti all'entrata e possiamo almeno allungare un po' le gambe, ma i viaggiatori agili che salgono e scendono al volo dalla porta sempre aperta, dato che la corriera è piena, per la tratta si accomodano sulle nostre ginocchia.

Su e giù per le colline, la strada sale dondolando su un tappeto verde di cespugli di tè, mentre all'orizzonte compaiono le montagne intarsiate di terrazze coltivate.

Ogni tanto l'autista inchioda a bordo strada e i passeggeri – maschi e femmine – scendono di corsa e si sparpagliano qua e là lungo la scarpata a fare la pipì.

A sera arriviamo a Phidim, polverosa cittadina di mercato affollatissima di viaggiatori. Dopo otto ore scendiamo barcollanti dall'autobus e cerchiamo un posto per dormire; è tutto pieno e ci vogliono un po' di tentativi per trovare due camere in un alberghetto sporco da far paura.

Finalmente torna il giorno e, per l'ultima tappa su gomma, Kami noleggia una jeep. In due soltanto sul sedile dietro ci sentiamo dei signori. La strada è uno sconquasso e ci vogliono cinque ore per arrivare al villaggio di Medibung; o almeno credo che si chiami così: dalla cartina non si capisce nulla e tutti quelli a cui chiedo mi danno nomi diversi.

Finite le strade, finiti i mezzi di trasporto, adesso si ricomincia a usare i piedi.

Ci sistemiamo in un lodge affollato di gente e pulci e, mentre noi mangiamo uova e patate, Kami noleggia un'altra jeep per tornare indietro a prendere il nostro staff. A un'oretta da qui, gli abitanti della zona hanno bloccato l'autobus e non lo fanno proseguire.

Questo è un Nepal diverso da quello incontrato finora, è arrabbiato, ruvido e spigoloso.

Accompagnati da Kami, Kuzan e Lhakpa arrivano sfiniti la sera e, senza neanche tirare il fiato, iniziano a scaricare il materiale e prepararlo per domani. Kuzan, un ragazzo timido e di poche parole, era con noi già all'Everest, nella primavera del 2007. Lhakpa lo conosciamo adesso: tagliato con l'accetta, è un omone alto dal sorriso aperto.

In paese stanno facendo i preparativi per un matrimonio che si celebrerà domani. Nel pomeriggio hanno montato il palco e per tutta la notte vanno avanti a fare le prove dell'impianto audio, volume a palla, a suonare e risuonare lo stesso pezzo, fino al mattino.

Salutato Kami che ritorna a Kathmandu, il 28 aprile ci incamminiamo presto ma impieghiamo la giornata intera per completare la tappa: i portatori si fermano in ogni bar, e noi non possiamo far altro che aspettarli visto che non sappiamo quale sia la meta. Ci si ferma in un minuscolo villaggio alla confluenza di due fiumi turbolenti. Ammucchiate l'una all'altra, le casette sono incuneate fra i due corsi d'acqua e una ripida collina che domani dovremo risalire.

Impolverati e appiccicosi scendiamo verso il fiume e i bambini, appena ci vedono, accorrono curiosi. Indifferente, Romano si spoglia e si gusta il bagno nell'acqua verde di ghiaccio, io, vergognosa, lo invidio con tutto il cuore mentre mi lavo vestita.

Secondo lui, io ho una abilità speciale nel farmi un sacco di problemi inutili. Una "precisina con la mania dell'ordine" che ficca il naso nel suo caos creativo e glielo mette in "disordine". A casa, come nei due metri quadri della tenda, con le mani piantate sui fianchi, è capace di chiedermi: «Dove mi hai messo le calze?».

È da quando eravamo ragazzi che ci accapigliamo per le stesse storie, e non ci rassegniamo all'evidenza: che con l'età lui sarà sempre più creativo e io più maniacale.

Il 29 aprile ci rimettiamo in cammino: superiamo la ripida collina e seguiamo il sentiero che sale in mezzo a campi coltivati e casette sparse fino al villaggio di Khebang. In un piccolo lodge che fa anche da emporio ci fermiamo a comprare due bibite, un pacchetto di biscotti e un quaderno: lo userò per scrivere il diario.

Al banco c'è una bella signora coi lunghi capelli neri raccolti, a incorniciare un viso dai lineamenti armoniosi. Drappeggiato sulle forme morbide del corpo, indossa un abito tradizionale di colore sgargiante, impreziosito di gioielli. Le donne qui usano sempre ornarsi, anche per fare i lavori di casa o nei campi.

Ci invita a sederci e riposare.

Un anziano vestito di bianco si avvicina con un grande quaderno. Alto e magro, per gli acciacchi si muove lento e con fatica; ci porge il quaderno parlandoci in nepalese e, sfogliandolo, capiamo che vuole che scriviamo i nostri nomi, provenienza, meta e anche un commento. Leggiamo qualche pagina di alpinisti e trekker che negli anni hanno lasciato traccia del loro passaggio.

Il villaggio è curato e lindo e, accoccolate in mezzo a orti e campi rigogliosi, le case sono ordinate e decorate di fiori ai balconi. Al centro del paese c'è uno spiazzo in terra battuta con la rete da pallavolo e porte da calcio; la scuola è lì a fianco, e dalle finestre aperte sentiamo i bambini ripetere cantilenando la lezione.

Usciamo dal villaggio e di nuovo costeggiamo case sparse, campi coltivati e boschi di bambù. Un passo dopo l'altro saliamo su fino a una forcella, poi giù dall'altra parte, di nuovo a un'altra sella e ancora giù al fiume; lo costeggiamo fino ai piedi di un'ultima salita e poi su, fra i campi terrazzati fino al villaggio di Yanghpudin. È stata una tappa lunghetta: nove ore di cammino con duemila metri di dislivello; ma coi muscoli "riscaldati" dal giro all'Annapurna è stata una scarpinata piacevole. Anche a Romano è piaciuta e vedo che si è ripreso bene; gli antibiotici hanno funzionato e l'aria ricca di ossigeno della bassa quota gli ha fatto recuperare anche le forze.

Di etnia sherpa, Yanghpudin è l'ultimo insediamento stanziale che incontreremo lungo il cammino.

Sulle pendici di queste montagne, nei secoli si sono sovrapposte ondate di etnie che si sono distribuite a occupare ciascuna la sua nicchia. Meno adatti alla vita d'alta quota, fino ai duemila e cinque ci sono villaggi limbu, lepcha e nepalesi. Di religione induista, sono prevalentemente agricoltori e coltivano riso, miglio, orzo, tè e cardamomo. Nelle alte valli vivono i gruppi di origine tibetana: alcuni arrivati lungo le antiche vie di commercio, altri dalle terre degli sherpa dove sempre dal Tibet erano giunti migrando, gli ultimi sono i profughi fuggiti all'occupazione cinese. Allevatori, d'estate salgono con le mandrie di yak agli alpeggi a quattromila metri; nei villaggi coltivano grano saraceno, orzo e, da appena un paio di secoli, la patata.

Dalla faccia tipicamente sherpa è Tshering, il gestore del lodge dove ci fermiamo per la notte.

Il villaggio somiglia a un nostro paesino di montagna d'una volta, quelli di quando era l'uomo ad adattarsi all'ambiente. Le casette a due piani sono costruite ai margini di campi terrazzati protetti da muretti a secco e si aprono su aie dove razzolano gli animali da cortile. Facciamo due passi lungo il viottolo che si aggira fra le case e i campi e ci fermiamo a fotografare un albero, avvolto da una sfarzosa ragnatela di orchidee bianche.

Ovunque giri lo sguardo appaiono i simboli della religione: i *chorten*, le costruzioni in pietra che nella forma rappresentano i cinque elementi del cosmo – la terra, il fuoco, l'acqua, l'aria e lo spazio –, poi le bandiere di preghiera e i muri di "pietre mani" posti ai lati della strada, fatti di sassi piatti con su scritte le sillabe dei mantra.

Questa è una fede che non ha bisogno di essere pensata perché è parte della vita come l'aria e il cibo. E che non è mai vissuta in silenzio e a capo chino ma presente nei riti, nei gesti, nella lingua e perfino nel saluto: «*Namasté*» dicono a mani giunte i buddhisti, allo stesso modo degli induisti, "Saluto il divino che riconosco in te".

Nel 2007 in cammino verso una montagna, insieme con i nostri compagni, Romano e io ci eravamo fermati per un giorno a Namche Bazar. Qui ogni casa ha un altare e le più abbienti addirittura un piccolo tempio; in una di queste si celebrava per noi una puja.

Una luce soffusa illuminava la stanza: da un lato, una fila di panche ricoperte di tappeti, tutt'intorno le statue e i *thangka* con le divinità, e al centro un sontuoso altare sempre pronto per il Dalai Lama.

A fianco ce n'era un altro, più piccolo e modesto, su

cui sedeva un lama sorridente e cicciottello a recitare i mantra.

Tutti noi stavamo zitti in "religioso silenzio" mentre la padrona di casa, una fiera matriarca, parlava tranquillamente sopra le preghiere e si rivolgeva al lama, dicendogli chissà cosa, e a noi, offrendoci da bere: tè, *dut-chà* – il tè col latte – oppure una tazza di milk-coffee. Una cerimonia rumorosa e sorridente. Dopo la benedizione, uno a uno il lama ci aveva messo al collo una *khata* e un cordino giallo, mentre la matriarca con una bella risata sanciva: «*Good puja*!». Da lì eravamo ripartiti e il nostro viaggio era proseguito tranquillo, fino in cima.

Da Yanghpudin, la mattina successiva ci rimettiamo in cammino tardi perché prima bisogna fare il cambio dei portatori e ridistribuire i carichi; da qui parte la squadra di uomini forti che trasporterà il materiale sul difficile tratto del ghiacciaio, fino al campo base. Dicono che anche questa sarà una tappa piuttosto lunga e faticosa. Dal villaggio si comincia con un lungo traverso fino ai piedi di una cima boscosa che bisogna risalire per milletrecento metri, fino a una sella.

Quando arriviamo lassù, il paesaggio è ovattato di nebbia; vediamo solo una piccola baracca da cui esce del fumo e alcuni yak che pascolano nella malga dove, radi, si innalzano altissimi cedri himalayani martoriati dai fulmini. Tiriamo dritti. Scavalcata la sella, una lunga discesa ci riporta al fiume; lo risaliamo ancora un paio d'ore fino a una località che chiamano Torong-din. Fra sprazzi di pioggia la raggiungiamo nel pomeriggio; un attimo dopo comincia a piovere e la temperatura scende veloce. Qui ci sono soltanto due casupole: una dove fanno da mangiare e l'altra, un grande stanzone, che ci ospita per la notte lasciandoci per ricordo un'aggressione di pulci inferocite.

Giorno dopo giorno camminiamo alzandoci di quota fra boschi di cedri himalayani, rododendri in fiore e alpeggi dove i valligiani portano d'estate le mandrie a pascolare, fino alla località di Ramche: una grande piana erbosa attraversata da ruscelli, che corre a fianco del ghiacciaio. Qui c'è un piccolo lodge dove solitamente ci si ferma a fare il campo; noi, già acclimatati, possiamo andare avanti e risparmiare un giorno.

Scavalcata la cresta erbosa si entra nel ghiacciaio del bellissimo circo di montagne. Il percorso adesso si fa tortuoso in mezzo a vele di ghiaccio, detriti morenici, torrenti e laghetti azzurri; un cammino disordinato che risale il corso del fiume di ghiaccio, porta d'accesso alla nostra montagna. D'improvviso il cielo si chiude e a mezzogiorno comincia a nevicare; alle quattordici ci fermiamo al riparo di un grande masso ad aspettare i portatori. Il campo lo improvvisiamo poco più avanti, appena troviamo una pozza d'acqua, grigia di sabbia. Fradici e intirizziti, alle sedici riusciamo a infilarci nella tenda tirata su alla meno peggio; i portatori si sistemano nella tenda mensa.

Ha nevicato bagnato per tutta la notte, ma quando ci svegliamo, il 3 maggio, il sole illumina l'orizzonte. Con un misto di paura e ribrezzo, ho passato le ore al buio dentro il sacco a pelo pensando al momento in cui ci saremmo dovuti alzare e, ancora fradici da ieri, al freddo dell'alba smontare il campo per rimetterci in cammino. Il momento è arrivato e, un passo dopo l'altro, bisogna affrontare la giornata. I portatori sono svegli dalle quattro e hanno già fatto un paio di colazioni; adesso sono pronti e partono alla spicciolata.

La morena oggi è più subdola del solito: non ha nevicato abbastanza da tappare completamente i buchi, e troppo per lasciarteli scorgere.

Per fortuna è arrivato il sole, che se la mangia rapidamente mentre noi procediamo barcollando, su e giù per le montagne russe. Fitto e bagnato, ricomincia a nevicare, proprio quando il sentiero corre sul filo delle creste; d'improvviso attorno alla testa sento un'"aureola" che tira i capelli e sfrigola nelle mani: elettricità, l'aria ne è piena. Ho paura che l'atmosfera si carichi tanto da far partire un fulmine ma so anche bene che, da questo punto in mezzo al niente, non possiamo fare altro che andare avanti. Chiedo a Romano se anche lui l'avverte e la sua risposta è: «Dai, muoviti».

Questo marito ruvido diverse volte mi ha salvato la pelle, ma non è di certo il tipo che ti accompagna tenendoti per mano. E neanche lo vorrei: se la nostra cordata funziona, è proprio perché, fin dove è possibile, ciascuno di noi è autosufficiente.

Dalle colline moreniche scendiamo nel ghiacciaio, raggiungiamo i piedi di un costone e lo risaliamo fino a sbucare su un grande pendio erboso. Un centinaio di metri sopra si vedono le tende delle spedizioni, noi ci fermiamo qui, un po' più bassi ma lontani dal chiasso. Il cielo si è riaperto e adesso splende il sole.

Questo campo è proprio bello: un lungo pendio erboso disseminato di grandi massi; a strapiombo sotto di noi il ghiacciaio e tutt'intorno un circo spettacolare di montagne. In un trionfo di superlativi da dépliant turistico potrei definirlo "mozzafiato".

E qua sopra il Kangchendzonga, un enorme trapezio di neve e ghiaccio incoronato da quattro cime rocciose che superano gli ottomila e quattrocento metri, legate l'una all'altra da una cresta lunga più di due chilometri: a ovest lo Yalung Kang di 8505 metri, poi la cima principale di 8586 metri, la centrale di 8482 metri e infine la sud, di 8476 metri.

Dai piedi di questo massiccio sgorgano cinque grandi ghiacciai che secondo alcune interpretazioni gli hanno dato il nome di "Montagna dei Cinque Tesori".

Un'altra tradizione racconta invece che i cinque tesori sono nascosti in una valle alle sue pendici e saranno rivelati agli uomini allo scadere dei tempi.

Terzo ottomila della Terra, il Kangchendzonga si eleva sul confine fra Nepal e Sikkim, a un passo dal Tibet; affacciato sulla pianura bengalese, è la prima barriera che il monsone incontra salendo dal Golfo del Bengala. Le precipitazioni portate dai venti ciclici sono così abbondanti da fare di questa montagna uno dei più estesi massicci glaciali del pianeta.

Di venticinque metri più basso del K2, fino al 1852 il Kangch era considerato la montagna più alta della Terra; con l'intero periplo delle sue pendici, fu esplorato completamente nel 1899 e fu scalato per la prima volta nel 1955, da una spedizione inglese lungo la parete Yalung, il versante sudovest, quello nepalese. Molti avevano precedentemente tentato di scalarlo dai diversi versanti, ma fu qui che i primi salitori trovarono la via nel garbuglio dei seracchi fino al Great Shelf a 7200 metri, il Grande Ripiano che si vede nitido fino da Darjeeling, cento chilometri più a sud. Da lì proseguirono lungo un ripido canale di neve e ghiaccio, prima di deviare a destra e, attraverso un sistema di rampe rocciose, raggiungere la cima principale.

Insieme con i cuochi, Romano e io cominciamo a imbastire il campo e andiamo avanti a lavorare fino a sera.

La mattina dopo ci aspetta una nuova sorpresa: questa volta è saltato l'inverter e quindi non avremo modo di ricaricare le batterie. Macchina fotografica, telecamera, telefono satellitare: tutto inutile! Anche il notebook che ci ha prestato Nima, e senza computer di nuovo non possiamo collegarci a internet e inviare i report.

Cerco di sbollire finendo di sistemare "casa" mentre Romano si ingegna a cercare una soluzione. E alla fine ci riesce! È proprio bravo, molto più di MacGyver, quello del telefilm che con una graffetta e una lattina sapeva costruire un reattore nucleare; glielo dicono tutti.

Alle tre il cielo si chiude e ricomincia a nevischiare.

5 maggio. Stanotte Romano non si è sentito bene: non gli veniva il fiato, come quando annaspi nella tenda tappata dalla condensa. Da un paio di giorni ha un'aria stanca, forse allora non è guarito bene dal malanno dell'Annapurna.

Gli ho chiesto se vuole che lasciamo perdere e torniamo a casa, ma lui imbronciato non mi ha neanche risposto.

Questa stagione è strana per noi, costellata di guai e contrattempi. Ma a pensarci bene sono già due gli anni incasinati, e forse questa ne è solo la conseguenza; la pena da scontare per quanto lasciato irrisolto.

È andato a far due passi, forse ha bisogno di ascoltarsi in silenzio, senza di me che continuo a blaterare. Tornato, mi racconta cosa c'è là sopra, dice che domani vuol provare a salire un po'.

Il cielo continua a chiudersi e ad aprirsi e le pulci mi hanno tormentata tutta la notte; possibile che non riesca a trovare un rimedio che funzioni?

Adesso Romano si è appisolato in tenda; io preparo gli zaini mentre rimugino senza capire cosa sia meglio fare. Qualcuno mi dia un suggerimento, per favore!

Anche Kuzan e Lhakpa stanno riposando; non ci hanno ancora fatto la puja, ma gli abbiamo detto che domani cominciamo a salire.

La mattina del 6 maggio ci prepariamo a partire mentre lontano sentiamo il rumore di un elicottero che si avvicina. A bordo ci sono i nostri "compagni di permesso" che, come da programma, hanno raggiunto la vetta del Makalu. Adesso scaleranno il Kangch e poi si trasferiranno alla terza montagna, l'ultima della primavera.

Sul pendio a pochi metri da noi, un gruppo di sherpa agita braccia e stracci colorati per indicare il punto d'atterraggio e la direzione del vento. Somigliano a toreri in un'arena. I loro sforzi non convincono il pilota, che dopo una serie di volteggi gira l'elicottero e se ne va. Riproverà domani o il giorno dopo, finché il meteo non glielo consentirà.

Finito lo spettacolo, noi partiamo per il campo 1; gli sherpa, imbracciati pale e picconi, iniziano ad allargare la piazzola.

Salendo verso il campo 1 noi due chiacchieriamo di "alpinismo due punto zero" e Romano fa un'osservazione lampante: se hai scalato un ottomila con l'ossigeno, puoi affermare di essere arrivato fino in vetta? Perché non si tratta di disquisizioni sullo stile, la differenza è semplicemente fisiologica: sarebbe come dire che le immersioni in apnea e quelle con le bombole sono la stessa cosa.

Ragionando per assurdo, quando il primo uomo metterà piede sulla cima dell'Everest scendendo da un elicottero, dichiarerà di essere stato sul tetto del mondo?

L'essere umano non è progettato per vivere in alta quota e la degenerazione che l'organismo subisce lassù è tale e talmente repentina da limitare la sopravvivenza a un tempo brevissimo. Perché in cima all'Everest non c'è soltanto il freddo, il vento, l'aria secca e l'irradiazione solare che ti brucia; a 8850 metri, condizione contraria alla vita, la pressione parziale dell'ossigeno è pari a un terzo di quella a livello del mare: è questo il problema più importante. L'organismo è capace di mettere in atto degli stratagemmi per sopravvivere, ma si tratta di aggiustamenti temporanei e limitati, e il suo funzionamento resta anormale. In più richiedono tempo, e forse nemmeno riuscirà ad attuarli.

È per questo che da quando nel '53 l'Everest fu conquistato, delle migliaia di salite sono rare quelle compiute senza ossigeno e, da anni ormai, l'uso delle bombole si sta allargando a macchia d'olio anche sugli ottomila considerati "bassi". Su uno di questi, il Manaslu, dall'ultimo campo verso la cima, nell'autunno del 2008 la traccia era disseminata di bombole, come le briciole di Pollicino.

E l'ossigeno è soltanto una delle differenze fisiologiche, perché un aiuto altrettanto importante è il lavoro dei climbing sherpa che, riducendo drasticamente il dispendio energetico, aumenta le possibilità di raggiungere la vetta.

Saliamo fino a sei e due a portare avanti un po' di materiale: tenda, materassini, viveri e gas. Lì, le altre spedizioni hanno montato il campo 1; noi lo faremo più su, intorno ai sei e sei, in prossimità del loro campo 2.

Vicino alle tende, depositiamo l'attrezzatura in un sacco di iuta che ancoriamo bene al pendio così che il vento non ce lo rubi e piantiamo anche un paletto di bambù con del nastro colorato in cima, per segnalarlo se dovesse nevicare tanto da ricoprirlo.

Meteo e temperatura perfetti, traccia ben battuta, via a tratti verticale ma attrezzata in sovrabbondanza.

Dopo un giorno di riposo torniamo su: caricato il materiale, dal campo 1 saliamo a una selletta, ci abbassiamo un centinaio di metri per roccette e canalini ed entriamo in un grande plateau crepacciato a seimila metri di quota. Vasto e pianeggiante, lo attraversiamo tutto e poi ricominciamo a salire verso un seracco attorno ai sei e sei, dove si intravedono le tende del campo 2.

Ci arriviamo nel primo pomeriggio, cerchiamo un posticino, spianiamo il pendio, montiamo la tenda e ci saltiamo dentro.

La mattina seguente ci svegliamo presto ad aspettare il sole, ma qua, sotto il grande seracco, non spunta prima delle nove. Centimetro dopo centimetro lo misuriamo mentre si avvicina, impazienti che arrivi ad asciugarci e rimetterci in moto.

In giro non c'è nessuno; qua e là il buco di un crepaccio e il muro verticale di un seracco, ma la via anche qui è attrezzata e la traccia ben battuta. Il cielo si chiude e all'una siamo in mezzo alla bufera; dovrebbe mancare poco al campo 3 sul Grande Ripiano, ma siamo infreddoliti e stanchi e decidiamo di tornare al campo sotto il seracco.

All'imbrunire arriva una squadra di sherpa, li sentiamo entrare nelle tende e chiacchierare a lungo prima di dormire.

La mattina seguente non aspettiamo il sole: ripuliamo dal ghiaccio il pavimento della tenda, lo asciughiamo col gas avanzato nel fornello e, gambe in spalla, scendiamo al campo base.

Appena arrivati mangiamo qualcosa, ci infiliamo in tenda, usciamo per cena e torniamo subito nel sacco a pelo; ci sono volte in cui il freddo ti penetra così profondamente che ci vogliono ore poi a scongelarsi. Fuori nevica di nuovo.

11 maggio. Il tempo continua balordo e lassù il vento urla oltre i cento all'ora.

Accidenti, che freddo! La penna fatica a scrivere, e anche la mia mano; dovrei andare a fare la pipì ma non ho voglia di uscire dal sacco a pelo e affrontare i venti metri fino alla tenda toilette, preferisco tener duro.

Niente di strano che faccia così freddo: a quinquemila e trecento metri di quota questo è un campo base piuttosto alto che, se da un lato aiuta l'acclimatamento, dall'altro non permette all'organismo di ricostruire quanto distrutto dall'ipossia della quota.

Al versante nord dell'Everest è ancora peggio: là il campo avanzato è a sei e quattro e per non rischiare di giocarti la cima – se vuoi salire la montagna senza ossigeno – devi stare attento a non rimanerci troppo. Perciò, appena completato l'acclimatamento, è meglio scendere qualche giorno a Rongbuk, il campo cinese a cinquemila metri, per ossigenarti un po'. Per esser proprio certi, i più facoltosi volano in elicottero fino a Kathmandu e, dopo qualche giorno di riposo, tornano freschi e rilassati, pronti per conquistare la cima.

12 maggio, campo base. Nevica e fa freddo.

Ieri ho letto *La linea d'ombra* di Joseph Conrad, la storia di un uomo cui viene assegnato il suo primo comando di una nave. Entusiasta, lo affronta sereno e realizzato, ma poi gliene succedono di tutti i colori e lui arriva al punto di non sapere più se è in grado di fronteggiare le difficoltà e la responsabilità per i marinai e la nave.

Sono rimasti una decina di giorni per tentare la cima, ce li dovremo giocare bene.

Io ho paura di non essere pronta ma cercherò di fare del mio meglio; sono confusa, da un lato impensierita e un po' svogliata, e dall'altro curiosa di vedere cosa c'è lassù.

È questa, dunque, la mia strada? Continuare a far parte dello spettacolo, perché non c'è altro mezzo per andare in spedizione? E allora come mai questo malessere?

È vero che non siamo qui solo a declamare la bellezza delle montagne, ma è inutile che mi racconti delle favole: forse non sono così libera da non sentire la pressione e quello che mi agita è il peso delle aspettative altrui. Ed è vero che sono pure arrabbiata, e spaesata dalla prepotenza di questo alpinismo d'assalto che non lascia spazio a nessun altro.

Ma forse il mio spaesamento è solo l'incapacità di adeguarmi ai cambiamenti, perché se giusto o sbagliato è una questione d'abitudine: chi lo dice che il mio sia l'alpinismo giusto?

Il mondo attorno gira e io me ne sto ferma, o comunque arrivo tardi. Sento che ormai sto andando avanti solo in superficie, quasi per inerzia, nauseata da un senso di sporcizia che mi fa sentire senza scampo. E non vivere pienamente queste esperienze è uno spreco.

Credevo di saper recitare bene la mia parte e di gestire le regole dello spettacolo, rimanendo libera nel nostro gioco.

Ma noi non siamo dei professionisti, non lo siamo nell'indole; a noi semplicemente piace scalare queste montagne, e ci viene bene.

E soprattutto ci piace farlo insieme: due solitudini che salgono in coppia verso la cima e lassù si ricongiungono.

Una cosa è certa, che i fatti non sono tutta la realtà, e al di là c'è qualcos'altro che non riesco ad afferrare. Come fare a capirlo? Ho chiesto aiuto ma in risposta mi è tornato solo silenzio.

Per l'ansia ho cominciato a preparare lo zaino, ma così: alla carlona.

Speriamo che la montagna ci accolga benevola e abbia cura di noi.

Per il 17 le previsioni annunciano la finestra per la cima e, così, il 14 maggio è cominciato l'esodo dal campo base. La montagna è un formicaio frenetico di sherpa che corrono su e giù a lavorare, e poi alpinisti, guide occidentali, campi pronti, depositi di bombole e corde che salgono ininterrotte fino all'ultimo campo a sette e sei; da lì gli sherpa partiranno qualche ora prima, per precedere gli alpinisti e srotolare le corde fino alla cima.

Sbucata il 15 maggio sul Grande Ripiano, mollo giù lo zaino e con la borraccia piena scendo da Romano, un centinaio di metri più giù. Dopo quasi trent'anni di montagne salite insieme, sono arrivata io per prima. Strano.

È seduto sfinito sul pendio e accanto a lui c'è uno sherpa. Dopo Romano offro la borraccia al portatore che mi guarda sorpreso, non crede la stia porgendo proprio a lui. Poi l'accetta con un sorriso e, mentre sorseggia appoggiato all'enorme zaino, scuote la testa dicendo: «*Members... bring nothing*» («Gli alpinisti... non portano niente»).

Raggiunto il campo insieme, Romano e io ci guardiamo attorno alla ricerca di un buco dove bivaccare; i posti buoni sono già occupati, non ci resta che scegliere fra l'estremità sinistra del pianoro, dove tira vento forte, e quella a destra vicino all'area toilette: scegliamo la seconda.

Spianiamo una piazzola striminzita e, montata la tenda, iniziamo subito a scioglier neve, mentre dalla porta aperta guardiamo gli alpinisti arrivare alle tende. Prima di accomodarsi si spogliano di ramponi e imbragatura – alcuni aiutati anche dagli sherpa – e poi entrano a prendere il tè e a riposare in attesa della cena.

Il giorno dopo il vento è talmente forte da costringerci tutti a rimanere chiusi dentro ad aspettare. Stare fermi in alta quota è rischioso, perché esporsi a lungo all'ipossia mina l'organismo tanto che potresti non farcela più a proseguire la salita e, a volte, nemmeno a scendere.

Ore quattordici del 17 maggio, quota settemila e cinque. Distrattamente seguo con lo sguardo il gruppone di sherpa e alpinisti che procede verso il campo 4. Domani saliranno in cima. Noi due siamo qui, seduti sul pendio; l'altro giorno avevo visto giusto: Romano non sta bene. Non è in edema, ma qualcosa non va: sale molto lentamente, troppo per il suo standard.

Gli propongo di scendere. Mi risponde: «Provo ad arrivare fino a sette e sette e poi ti aspetto lì, mentre tu domani tenti la cima». L'alta quota è un ambiente innaturale per la vita e richiede velocità nelle decisioni, una rapida analisi della situazione, funzionale al raggiungimento dell'obiettivo. L'importante è avere chiaro qual è: potrei tentare di arrivare in vetta mentre Romano mi aspetta al campo, ma so bene che in quota le condizioni possono peggiorare drasticamente; al mio rientro non so quale potrebbe essere il suo stato. Sarebbe ancora in grado di scendere, anzi, saremmo in grado di scendere insieme, senza rischiare la nostra vita e quella delle persone che, forse, ci verrebbero ad aiutare?

E tutto questo solo per rincorrere il dodicesimo ottomila? E, per la prima volta dopo undici cime, non insieme?

"No, scendiamo insieme. Adesso. Non ti farò aspettare qui."

È il 19 maggio, seduta al campo base osservo questa montagna bellissima illuminata dal sole. Non so se adesso stanno scendendo, non so nemmeno quanti, in coda in quell'enorme gruppone, sono arrivati su.

Io sono stanca come dopo una cima, con le ossa rotte per lo sforzo e l'apatia. Sono sfinita e non posso neanche immaginare come si senta lui.

Dai settemila e cinque era impossibile tornare direttamente al base; Romano scendeva troppo lentamente e non c'erano abbastanza ore di luce. A sette e due avevamo rimontato la tenda e la notte era stata insonne e preoccupata.

Il giorno dopo mi ero caricata quasi tutto nello zaino per non fargli portar peso, ma ugualmente procedeva a fatica, svuotato di ogni forza; ogni metro era una conquista e solo la volontà gli faceva muovere il passo.

Lungo le corde fisse scendeva piano e, con le mani insensibili dal freddo, ogni manovra gli veniva a rilento. Di tanto in tanto cercavo di scaldargliele, mettendomele fra le ascelle sotto la tuta. Al seracco gli ho sciolto un po' di neve e dopo aver bevuto sembrava andasse meglio ma, arrivati a seimila nel plateau, risalire quel centinaio di metri fino alla sella è stata un'agonia.

Alle diciassette, seduti a riprender fiato ai piedi della parete, ci eravamo guardati in faccia: ce l'avevamo fatta. La fuga era stata la nostra unica speranza di vittoria.

Inutile nascondere la testa sotto la sabbia: il conto arriva sempre e come meno te l'aspetti. Non era mai accaduto che Romano non ce la facesse, ero sempre stata io ad aver bisogno di aiuto, per una caviglia rotta o per la testa persa nelle nebbie dell'edema.

Non so cosa gli sia successo; forse il malanno dell'Annapurna non curato bene. Sicuramente ce l'ha messa tutta perché la spedizione andasse a buon fine: troppa, sarebbe stato meglio mollare prima.

E alle 13,50 del 17 maggio, quando a sette e cinque col dito ha fatto il gesto di sgozzarsi, lì ho sentito che era finita: finito il tentativo alla cima, finita la "mia" corsa himalayana, finito lo spettacolo.

Avrei dovuto capirlo; mi sarei dovuta accorgere che stavamo toccando il limite. I segni li intuivo ma ho fatto finta di niente. E allora la montagna ha deciso per me.

«Si va avanti. E il tempo, anche lui va avanti; finché dinnanzi si scorge una linea d'ombra.»

È strano, ci sono sempre stati dei libri a segnare le tappe della mia vita.

Il 21 maggio l'elicottero è qui già alle sei, a caricare a bordo gente di ritorno dalla cima.

Romano è pallido, non apre bocca ma si vede che continua a non stare bene. Paolo è preoccupato, i sintomi che gli descriviamo al telefono sono talmente vaghi che fare una diagnosi è impossibile; una stanchezza mortale, ecco, questo è l'unico evidente.

Proviamo con una terapia, in poco tempo dovrebbe migliorare.

I media sono scatenati e i titoli sono ormai a caratteri cubitali: le altre donne sono arrivate a dodici e io sono rimasta indietro. Nella frenetica caccia alle notizie, indagano morbosamente il perché: se Romano non stava bene come mai non ho continuato da sola?

Com'è possibile che non capiscano!

Seguono giorni sempre più difficili. Dal campo base ne impieghiamo quattro per raggiungere la strada e, nonostante la quota sempre più bassa, Romano non migliora, anzi è talmente sfinito da non farcela a muovere un passo neanche in discesa.

Se gli elicotteri non fossero già tutti accaparrati, ne avremmo preso uno anche noi pur di evitare quest'agonia.

I portatori perdono due carichi, piove senza tregua e una telefonata annuncia a Kuzan che sua sorella è morta d'improvviso. Vorrei scomparire.

A Kathmandu i giorni passano lenti in attesa del volo di ritorno, mentre fuori migliaia di persone stanno scendendo in piazza e ci sono scontri tra manifestanti e forze dell'ordine: il governo è caduto.

Contro le direttive del governo, ai primi di maggio

il capo del Nepal Army aveva bloccato l'arruolamento degli ex guerriglieri; il primo ministro Prachanda aveva destituito il generale ma il presidente della Repubblica ne aveva revocato la destituzione; e così il premier si è dimesso, gli ex ribelli sono tornati all'opposizione e il processo di pace si è arrestato.

Il 29 maggio incontriamo Miss Hawley per il colloquio al rientro dalla montagna. Ci troviamo nell'ufficio dell'agenzia e in due parole risolviamo la parte burocratica; definisce nobile il mio gesto di rinunciare alla cima.

Mentre l'accompagno e siamo sole, salendo in macchina aggiunge: «Chiunque altro avrebbe detto: "Bye bye!" e avrebbe proseguito per la cima lasciandolo lì ad aspettare; ma» quasi sottovoce «non avresti più potuto vivere se...».

Istupidita dagli eventi, non colgo neanche il suo silenzio dopo il "se".

Secondo atto

IL QUINDICESIMO OTTOMILA

(13 giugno 2009 - 13 giugno 2011)

Il 1° giugno siamo in Italia.

I giorni si susseguono fra visite, accertamenti, lunghi silenzi e attese preoccupate. Romano è pallido e sfinito, come quando scendevamo dai settemila e cinque al Kangchendzonga, ancora sommerso da quel malessere sordo e senza contorni che lo svuota di ogni forza.

Non sappiamo cosa stia succedendo; gli avvenimenti si sono accavallati senza lasciarci il tempo di trovarne il senso. Come sospesi in una bolla senza gravità, intuiamo soltanto di avere perso il passo e il controllo della nostra vita.

Ancora una volta, l'amico Paolo arriva a prendersi cura di noi e ad accompagnarci nel percorso. È nata in maniera particolare la nostra amicizia: lui di Udine, noi distanti appena un centinaio di chilometri, di Fusine, ci ha "fatti incontrare" il K2, quando nel '94 siamo stati invitati da don Arturo Bergamaschi a partecipare al suo progetto di scalarlo dal versante nord, la faccia nascosta della "montagna degli italiani". Pur senza la cima, quella era stata una spedizione perfetta che ci aveva regalato delle amicizie profonde e vere, nate dalla solidarietà del camminare insieme. Con Paolo, medico anestesista, abbiamo continuato a salire le Alpi di casa e qualche volta siamo tornati insieme in Himalaya.

Dall'umorismo elegante e piacevolmente feroce, Paolo è un medico, e prima ancora un uomo, che non considera l'aver cura dell'"altro" un sogno nobile, ma una realtà vissuta giorno dopo giorno.

Il 12 giugno Romano si sottopone a un'altra serie di esami a Udine e, mentre in macchina rientriamo a casa, una telefonata dall'ospedale ci avvisa di tornare l'indomani alle otto. «Non faccia guidare suo marito» aggiungono.

Tristezza, tensione per quello che è successo e che deve ancora succedere, e la brutta sensazione di qualcosa che sta per bussare alla porta. Frastornata, dico soltanto: «Va bene».

Il 13 giugno ci presentiamo puntuali e subito veniamo indirizzati al Padiglione 6: reparto di Ematologia. All'ingresso un cartello indica le procedure per entrare: indossare soprascarpe e mascherina, disinfettarsi le mani, depositare borse e ombrelli. Nel corridoio, un viavai di medici e infermieri; le porte delle stanze sono tutte chiuse.

In ambulatorio veniamo accolti da una specialista e, mentre lei esamina la cartella, noi parliamo un po' a vanvera senza sapere cosa pensare; il nome del reparto non è rassicurante, ma il fare della dottoressa è pacato.

I valori di Romano sono proprio brutti: l'emoglobina è a 6,4 mg/dl (il valore normale è fra 12,00 e 15,00) e piastrine e leucociti non vanno meglio; in queste condizioni è difficile perfino stare seduti, quasi impossibile camminare normalmente. Bisogna eseguire un aspirato midollare.

Senza perdere tempo la dottoressa fa stendere Romano sul lettino, una leggera anestesia superficiale e, con l'economia di un gesto ripetuto tante volte, dalla cresta iliaca gli preleva sangue midollare e tessuto osseo.

Io intanto mi concentro a osservare i particolari della stanza, l'arredo e gli strumenti; aghi e sangue mi spaventano a morte, una volta mi è successo perfino di svenire.

«Adesso andate a bere un caffè. Tornate fra mezz'ora e saprò dirvi di cosa si tratta: se di leucemia acuta oppure di aplasia.»

La notizia arriva come uno schiaffo a risvegliarci dalla strana assenza di gravità dei giorni scorsi, ma le siamo grati per l'empatia del suo sguardo, libero da ogni buonismo posticcio.

Al bar beviamo in silenzio. Leucemia, un nome che spaventa; in fin dei conti siamo della generazione che, la parola cancro, l'ha sempre pronunciata sotto voce. Ma la sensazione è vaga, dai contorni indefiniti, visto che non sappiamo neanche bene di cosa si tratta. Come puoi riconoscere la paura di qualcosa che non conosci? È solo quando ti tocca che impari a distinguerne il sentore.

È lo stesso in montagna: finché non ti sfiora la valanga, non sai qual è l'odore dello spavento che da lì in poi ti drizzerà i capelli solo a sentire il rombo sordo della neve che si assesta sul pendio.

Torniamo puntuali e la diagnosi è "aplasia midollare severa"; mentre l'ascoltiamo, siamo quasi sollevati che non abbia pronunciato "leucemia".

Con parole semplici, la dottoressa ci spiega l'esito dell'esame: in caso di leucemia acuta, il midollo di Romano sarebbe risultato "pieno", ma di cellule malate; il suo, invece, è letteralmente "vuoto"; perché questo significa "aplasia": assenza di cellule, dei "genitori" di globuli rossi, piastrine e leucociti che ci permettono di vivere. Quella di Romano, poi, è la malattia nella sua forma severa, cioè accompagnata da bassi valori di emoglobina, piastrine e leucociti: "citopenia periferica" si dice in "medichese".

La dottoressa ci accompagna nello studio del professore, il direttore del reparto. Seduti alla scrivania, ascoltiamo le loro spiegazioni e il programma.

È una malattia infrequente, spiegano, e le ipotesi sulla sua origine sono diverse e tutte da confermare: patologia autoimmune, oppure da esposizione a fattori "aplastizzanti" (questa è una delle malattie di Chernobyl; e anche Marie Curie morì di anemia aplastica), oppure correlata ad alterazioni genetiche. «L'esposizione all'alta quota, no, non rientra tra le ipotesi» rispondono. La domanda ci è venuta spontanea.

«È una bella "tegola", quella che vi è capitata.» Ma nell'arco di quest'ora loro hanno già deciso e stabilito il programma: daranno subito inizio alla terapia farmacologica e, se funziona, entro cinque o sei mesi Romano dovrebbe tornare a posto.

E le "nostre" spedizioni? E il "mio" Grande Slam dei quattordici ottomila?

Romano viene ricoverato immediatamente, senza nemmeno il tempo di tornare a casa a sistemare un po' le cose e preparare la valigia.

«Formulata la diagnosi, viene applicato il protocollo Nazionale ed Internazionale del Gruppo di Genova, parametro riconosciuto in tutto il mondo. Una terapia di prima linea che, proprio nell'ipotesi di malattia immune, consiste nell'associazione di due farmaci che dovrebbero cancellare l'azione del sistema immunitario; tutto questo unito a un supporto trasfusionale per la severa anemia e piastrinopenia. Con questo protocollo, le statistiche parlano di una percentuale del trenta per cento di remissione della malattia.»

I giorni scorrono scanditi dai tempi delle cure e del dolore, dei colloqui con i medici e delle corse quotidiane in ospedale, per stare insieme negli orari rigorosi delle visite.

Il 17 luglio Romano viene dimesso, la terapia proseguirà a casa con day hospital settimanali per i controlli, le trasfusioni e la taratura dei medicinali; fra pastiglie e iniezioni, al giorno arriviamo a contarne diciotto.

Come cambiano le priorità, gli obiettivi e perfino la routine. Se prima il fare di ogni giorno consisteva nell'incastro di lavoro, allenamenti e preparazione delle spedizioni, adesso, nel labirinto della malattia, il tempo è scandito soltanto dalle terapie e dai controlli in ospedale. «I pazienti devono avere pazienza» sentiamo cantilenare come un mantra.

Da alpinisti, Romano e io abbiamo sempre saputo di "essere corpo"; nell'ipossia della zona della morte l'abbiamo usato, conosciuto e temprato e, attenti ad ascoltarne i messaggi, ci siamo affidati alla sua saggezza.

Ma adesso è con un dolore e una sofferenza sconosciuti che dobbiamo fare i conti, e col buio di un'attesa di cui non si conosce esito né fine.

Il tempo ordinario sospende il suo corso mentre la malattia ci deruba della nostra vita; d'istinto continuiamo a fare ciò che conosciamo: uniti in cordata come a scalare le montagne, un passo dopo l'altro continuiamo a "salire", senza chiederci il perché.

Per natura taciturno, a questo punto Romano si fa muto. Solo una cosa mi dice (e poi non ne parlerà più): che è inutile cercare vocaboli per vestire pensieri, emozioni, dolore e sofferenza. Non sarebbero mai la realtà. E un'altra cosa aggiunge: «Se nella pratica tutti faremo il possibile per evitare il peggio, nella teoria dobbiamo tenere conto della sua eventualità». Poi me lo spiega più semplicemente: «Se muoio, muoio. Se non muoio, non muoio. Di certo, non voglio vivere soffrendo».

Le domande mi pulsano nella testa, ma più lo osservo, più mi rendo conto che la rete di parole con cui potrei cercare di imbrigliare i suoi pensieri sarebbe soltanto una cortina, un velo di nebbia che allontanerebbe le nostre solitudini. E allora lo accetto: a riempire il vuoto della malattia, meglio un silenzio ben detto. Insieme.

«Se uno o due cicli di farmaci immunosoppressori non danno risposta, rimane una possibilità terapeutica per migliorare il quadro clinico ematologico midollare (cioè la sopravvivenza): il trapianto. Non avendo Romano familiari HLA compatibili, viene attivata la ricerca di un donatore di cellule staminali da Registro, per il trapianto allogenico.» Una difficile ricerca nella banca dati che è mondiale.

«Mi avevano detto che probabilmente dopo sei mesi sarei tornato come prima, e invece adesso parlano di trapianto.» Per un attimo Romano rompe il suo silenzio.

Forse neanche i medici si aspettavano che la malattia evolvesse in questa maniera. Ma ci avevano spiegato fin dall'inizio ciò che prevede il protocollo e, man mano che procedevano le terapie, avevano annunciato l'eventualità che si rendesse necessario.

E poi "trapianto di midollo": cosa significa? Se ti aggiustano un osso, un organo, se ti cuciono una ferita, è chiaro cosa ti fanno; a noi il quadro ha cominciato a delinearsi quando hanno spiegato che Romano si sarebbe dovuto sottoporre a un ciclo di chemio e radioterapia. Lì abbiamo iniziato a capirc.

«A quel punto non mi sono spaventato» dice Romano, «ma ho realizzato la gravità della situazione.»

La difficoltà adesso sarà individuare il donatore compatibile. Da protocollo, la ricerca comincia all'interno della famiglia, dove la probabilità di trovare un fratello o una sorella compatibili è del venticinque-trenta per cento. Se questo non si verifica, la ricerca si estende ai Registri Nazionali dei donatori di midollo che, collegati fra loro, allargano la ricerca a tutto il mondo.

I giorni vanno avanti nell'attesa. Settimanalmente andiamo in ospedale per le visite e le terapie; la probabilità di trovare il proprio fratello genetico è lontana, quasi remota.

Intanto la primavera si avvicina e con lei le partenze delle spedizioni. Qualcuno, giornalisti e persone appassionate della gara, me lo chiede apertamente: quali sono i miei programmi? Romano è ammalato, ma perché non ci vado io? Ormai la corsa femminile è sul filo di lana del traguardo.

Al mio posto è questo che farebbero loro? A me non sfiora nemmeno la mente di lasciare Romano qui, da solo, ad aspettare; come nelle notti di bufera, dobbiamo essere insieme a reggere i pali della tenda, per impedire al vento di strapparla via.

A fine febbraio 2010, la buona notizia: si è trovato il donatore.

Romano non apre bocca. Io sono sollevata per la nuova possibilità di guarigione e insieme impaurita per il rischio che la procedura comporta.

«E se il donatore cambiasse idea all'ultimo momento?» butto lì.

«Forse anche lui adesso è spaventato» dice il professore «ma allo stesso tempo è consapevole che dall'altra parte c'è una persona che di paura ne ha più di lui.»

La sua risposta ha un effetto calmante. Non so perché, forse la sensazione di questi destini che si intrecciano in qualche modo mi tranquillizza.

Tornando a casa, Romano e io parliamo di tutte le persone che stanno salendo insieme con noi il nostro quindicesimo ottomila: i medici, il personale del reparto, i donatori di sangue, gli amici che continuano a starci vicini... E adesso anche questo giovane dal volto sconosciuto che ha scelto di essere custode di Romano: il fratello senza nome che gli è stato affidato e che, con un gesto gratuito e silenzioso, si prende cura di lui donandogli una possibilità di vita. Una scelta quasi sovversiva, in un tempo come il nostro, che crede soltanto nello scambio.

30 aprile 2010. Romano entra nell'area dedicata ai trapianti, quella di massimo isolamento che una grande vetrata separa dal resto del reparto.

Ai lati di un lungo corridoio, oltre le porte chiuse ci sono le stanze sterili, ancora più isolate da una pressione interna superiore al resto dell'ambiente. Solo medici e infermieri possono entrare; là il paziente è solo, come dentro una placenta.

«Il trapianto è una procedura difficile: la mortalità nella fase di esecuzione è molto elevata – quaranta-cinquanta per cento – e poi ci sono i rischi successivi all'attecchi-

mento delle cellule staminali del donatore che, andando a formare un nuovo sistema immunitario nel ricevente, potrebbero aggredire diversi suoi organi. Questa reazione, la più temibile, si chiama Graft Versus Host Disease o rigetto del donatore verso tessuti e organi del paziente.»

Il primo passo della procedura è la terapia di condizionamento per annullare il sistema immunitario di Romano e "fare spazio" a quello del donatore.

La sera del 6 maggio comincia la reinfusione di cellule staminali midollari, una lenta trasfusione dalle sacche che arrivano da chissà dove. Perché, quando il trapianto è eterologo, non sai chi sia il donatore; non puoi conoscerne il volto, il nome, e neanche il cammino che l'ha portato fin qui. Dicono che qualche volta le sacche arrivano con attaccato un bigliettino con cui tuo fratello o sorella ti augura buona fortuna.

Le giornate proseguono pazienti, ad aspettare che vinca il midollo del donatore: che attecchisca e cominci a generare cellule da cui nasceranno i globuli rossi, piastrine e leucociti che faranno ricominciare a vivere Romano.

Nella stanza, lui sta isolato, come dentro una tenda in alta quota mentre fuori urla la bufera. Sospese speranza e rassegnazione, accetta di vivere il rischio dell'attesa: che i valori comincino a salire e che il nuovo midollo non aggredisca l'ospite, riconoscendolo come nemico.

Mattina, pomeriggio e sera, ci facciamo lunghe telefonate e via Skype Romano mi mostra il suo "mondo". Ogni tre-quattro giorni vado in ospedale a portargli il cambio dei vestiti e, quando può, lui esce in corridoio; separati dalla grande vetrata, ci guardiamo parlandoci al telefono.

Per il resto, sto a casa: lavoro, faccio i mestieri e, senza allontanarmi troppo in montagna, sui sentieri qua attorno io corro, corro e corro. Tipo Forrest Gump.

I giorni passano e sul finire della primavera si conclude la corsa femminile agli ottomila.

Nello sprint finale c'era stata un'ulteriore accelerazione da quando, nel 2009, all'orizzonte erano apparse due alpiniste coreane, fino a quel momento quasi sconosciute. Sfruttando ogni mezzo e aiuto necessario, con l'obiettivo di raggiungere il più velocemente possibile il traguardo, le due donne erano in corsa per il primo posto nell'olimpo dei quattordici ottomila: dichiaratamente, senza pudore.

Una di loro sarebbe morta l'anno successivo sul Nanga Parbat. L'altra, Miss Oh Eun-Sun, con un sorpasso da Formula 1 e l'impressionante record di otto ottomila in quindici mesi, il 27 aprile è stata la prima a tagliare il traguardo.

Chiamata successivamente a un confronto, non è però stata in grado di dimostrare con certezza di aver salito gli ultimi metri sul Kangchendzonga e così lo scettro le è stato tolto per essere assegnato a Edurne Pasaban, spagnola, che soltanto pochi giorni dopo ha completato anche lei la salita delle quattordici cime.

La festa di noi donne si è così conclusa in polemiche e veleni.

Quando a quota settemila e cinque il Kangchendzonga mi aveva spinta alla mia linea d'ombra, io avevo scelto di non lasciare lì Romano ad aspettarmi, e di scendere insieme con lui. Molti l'avevano condiviso, altri no; altri ancora avevano ceduto all'irresistibile vocazione di giudicare.

Lontana dal trambusto cittadino, fin dai primi passi maldestri in montagna io mi ero sentita innocente e non dubitavo che le mie azioni dimostrassero semplicemente chi ero e cosa volevo. Era una certezza limpida e istintiva che nasceva dall'accordo con la natura: non serviva ragionarci su.

Poi però era cominciata la frenesia di quella corsa pazza e, voglia o no, c'ero finita dentro fino al collo. Lentamente era affiorato il malessere che mi aveva spinta a riflettere e ad affermare le regole del nostro alpinismo e le sue differenze rispetto agli altri; e non mi accorgevo che, così facendo, io stavo giudicando anche me stessa, finché la sentenza emessa sugli altri mi è rimbalzata dritta in faccia.

"Se i disonesti fossero sempre condannati, le persone perbene si crederebbero continuamente innocenti." Era questa frase che mi girava per la testa all'Annapurna e adesso la capisco: "mancata innocenza" era il nome di quello strano malessere che mi aveva rubato la pace.

Nemmeno la mia verità era pura, perché, nonostante i principi rigorosi del nostro alpinismo, anch'io avevo preso parte allo spettacolo.

Era questa la realtà al di là dei fatti che non riuscivo a nominare.

Allora ero certa della mia buona fede e mi credevo arrabbiata con la prepotenza di quest'alpinismo fatto di numeri e di marketing, che non lascia spazio ad altre voci. Ma quando, dopo la fuga precipitosa dai settemila e cinque, ero seduta al campo base a guardare il Kangchendzonga, quello che la montagna mi aveva riflesso come in uno specchio era stata l'immagine del mio alpinismo inaridito negli anni. Smascherati gli alibi, mi aveva rivelata a me stessa; e nello spingermi alla mia linea d'ombra aveva deciso per me.

L'8 giugno vado in ospedale a portare il cambio dei vestiti e mi fanno una sorpresa: ho il permesso di entrare. Salgo al quinto piano, indosso soprascarpe e mascherina, entro nel reparto e percorro il lungo corridoio fino alla grande vetrata dell'area trapianti: "l'acquario", l'ho soprannominato. Da una porta laterale accedo a un "filtro"; lì mi svesto, indosso la tuta sterile, disinfetto mani e braccia e finalmente posso oltrepassare il varco. Sono talmente intabarrata che, quando mi presento nella stanza, Romano neanche mi riconosce; sorpreso, l'unica cosa che gli viene è: «Oh!». Nel suo sguardo vedo riflessa la mia gioia.

Nonostante la terapia per prevenirla, nei giorni che seguono la Graft arriva; si arresta il recupero dei valori e lui sta sempre peggio: febbre, nausea, singhiozzo; devono nutrirlo con le sacche e il morale è sotto i tacchi.

Ancora terapie, speranze, altre complicazioni e nuove attese.

Romano non riesce nemmeno a parlarmi al telefono, a ogni squillo sprofondo nella paura che qualcos'altro di brutto sia successo. Per fortuna, di tanto in tanto posso entrare in camera e stare lì con lui, tenerlo per mano.

Lui resiste in silenzio. Poi un giorno mi rivela: «Se non fosse per le situazioni difficili che abbiamo vissuto in montagna, non credo che riuscirei a sopportare tutto questo».

Nessuno ci può garantire che guarirà, e nemmeno come potrebbe essere la sua condizione di vita dopo il trapianto.

Con il tempo Romano lentamente migliora e il 9 luglio, dopo settantuno giorni, esce dall'isolamento per tornare a casa. Adesso, si raccomandano i medici, dovrà fare una convalescenza intelligente: una cura attenta, un rigoroso regime alimentare e frequenti controlli e terapie. I primi cento giorni saranno ancora duri: disturbi da sopportare, potranno insorgere complicazioni e ci vorranno tante precauzioni per scongiurare i rischi e le infezioni. E poi bisognerà continuare a fare il tifo per il midollo del donatore.

Per una parvenza di normalità, ci teniamo aggrappati a gesti della quotidianità di prima e, insieme al nostro cane, facciamo piccolissime passeggiate attorno a casa.

Viviamo al margine della foresta, in mezzo a prati dove la mattina i caprioli scendono a pascolare. Ci basta appena qualche passo con la montagna sullo sfondo; la nostalgia della sua bellezza ci dà la forza per resistere.

Un pomeriggio di fine luglio andiamo a fare due passi al lago; assieme a noi c'è anche Pit: il nostro cane atleta che, da quando Romano si è ammalato, ha scelto di abbandonare le corse nei boschi per rimanere accanto a lui; non lo lascia solo un attimo. Dopo un po' loro si incamminano di nuovo verso casa mentre io proseguo per una corsetta fino ai piedi della catena del Mangart. Ho bisogno di "ossigenare un po' i neuroni" e di immergermi nel bello, altrimenti soffoco. Di questo circo di montagne, ormai conosco ogni sasso e affido al corpo la scelta della strada da seguire: a un certo punto, abbandona il sentiero segnalato e imbocca un percorso battuto dagli animali. Le gambe spingono in salita e io sbuffo nello sforzo: espiro paura e tensione per lasciare che il vuoto dei polmoni sia riempito da questa natura che mi accoglie e mi consola.

D'un tratto, un rumore di rami; non alzo neanche gli occhi dal terreno tanto lo so: è un animale che, correndo, ho fatto scappare. Dal fracasso intuisco che dev'essere piuttosto grande, forse un cervo. Un attimo dopo sento delle grida spaventate; non riconosco il verso ma dev'essere un piccolo.

E, di colpo, eccolo il grande animale che ho fatto scappare e che adesso, dal ripido pendio boscoso, scende verso di me.

Non lo riconosco subito, è troppo inaspettato. Poi finalmente vedo: è un orso e mi sta venendo contro a tutta velocità. Mi blocco, paralizzata; è tutto così improvviso che ancora non sento l'odore della paura.

Le storie raccontate da Romano, per tanti anni agente forestale, mi trapassano la testa come lampi: "Inutile correre perché lui fa i sessanta all'ora, e inutile anche cercare di arrampicarsi perché scala meglio di te". Sono immobile mentre corpo e mente si preparano.

A guardarlo, però, è affascinante: la fluidità perfetta della sua corsa, l'armonia del movimento di quella massa enorme di muscoli.

"Senza distogliere lo sguardo, indietreggia e cerca di allontanarti." Mica facile: l'orso continua ad avanzare ed è sempre più vicino.

Con gli occhi fissi su di lui, muovo lentamente un passo, poi il secondo, il terzo... Al quarto non resisto e comincio a correre, correre, correre; sento che si è fermato ma io continuo, fino al lago, poi al parcheggio e, sempre di corsa, prendo la strada verso casa.

Non aveva intenzione di attaccarmi, mentre vengo giù a rotta di collo lo capisco. Quell'orso era una femmina che avevo separato dal cucciolo che la seguiva: era lui che gridava impaurito. E lei non voleva aggredirmi, ma solo scacciarmi e difendere il suo piccolo, la giovane vita di cui avere cura. Senza alcuna aggressività offensiva, lei era soltanto una madre che doveva proteggere la sua prole; appena io mi ero allontanata, lei si era fermata.

Corro su per le scale, inchiodo davanti al divano e racconto tutto a Romano.

Lentamente lui prende il telefono e chiama Dario – il suo ex capo forestale – per avvisarlo dell'avvistamento.

«Mi sa che abbiamo perso un'atleta» esordisce ghignandosela sotto i baffi. Accidenti, mi conosce come le sue tasche: già sa che, da ora in poi, basterà il rametto spezzato da un uccellino a farmi trasalire.

Agosto porta nuove complicazioni.

A luglio la Graft, poi la virosi, e ora un'infezione. Logorato fino al limite, l'organismo di Romano è fragile e senza più difese.

Dopo l'ennesimo ricovero, i controlli e le trasfusioni diventano bisettimanali. «Andiamo a fare il pieno» diciamo scherzando.

Il minimo gesto gli costa uno sforzo immenso e soltanto di sforzi sono fatte ormai le sue giornate, ma con paziente ostinazione continua a non dichiararsi prigioniero della malattia. Quando ce la fa, continuiamo con le nostre passeggiate.

Con fatica abbiamo salito un gradino dopo l'altro e, superati i rischi e la sofferenza del trapianto, pensavamo di cominciare a intravedere la cima, ma di nuovo siamo in mezzo alla bufera e a ogni passo la vetta si allontana. Riusciremo a proseguire, dovremo rinunciare?

«Sebbene il midollo risulti ben cellulato, Romano continua a essere severamente pancitopenico e necessita di continue trasfusioni» dicono i medici. La malattia ha vanificato i protocolli conosciuti.

Decidono di tentare un percorso nuovo e di «procedere a una seconda reinfusione dallo stesso donatore. Diversi doppi trapianti sono stati fatti, ma mai dallo stesso donatore».

Per come si sono messe le cose dopo il primo trapianto – siamo quasi alla situazione di partenza – e per come Romano sta adesso, il rischio di vita è elevatissimo. Ma non sopravvivrebbe comunque. La catastrofe è ormai tanto vicina da essere palpabile.

Di fronte all'assurdo della malattia capace di rendere vana ogni terapia, dobbiamo accettare di vivere il vuoto dell'attesa. Raccogliamo tutta la pazienza imparata negli anni di montagna: come quando sei su un passaggio pericoloso, col chiodo ormai lontano e il rischio che se cadi strappi via tutto e precipiti fino giù, allora ti fermi un attimo, inspiri, espiri e poi ricominci a scalare, prendendoti tutto il tempo che ti resta per tirarti fuori dai guai.

I mesi passano mentre si organizza la procedura; i medici continuano a infonderci speranza e noi sappiamo bene che la strada intrapresa è sconosciuta, ma qui tocca a loro andare da primi di cordata. Ci affidiamo.

Alle diciotto del 16 dicembre le sacche atterrano all'aeroporto; giunte in ospedale, vengono lavorate a lungo per essere private di linfociti e granulociti e, nella notte fra il 16 e il 17, Romano riceve la seconda reinfusione.

Questa volta i valori partono subito decisi e dopo appena una settimana torna a casa.

17 marzo, sono trascorsi tre mesi.

Continuano i controlli in ospedale, le dita sono sempre incrociate ma dopo tutta questa apnea possiamo lentamente ricominciare a vivere.

Si avvicina l'estate. Romano ha ancora qualche doloretto e si gratta come avesse le pulci ma continua meravigliosamente a recuperare dal punto di vista ematologico e anche fisico.

Adesso facciamo belle camminate e io devo stare attenta perché, se perdo il passo, non riesco più a riacchiapparlo; il periodo di gloria in cui ero più veloce di lui è già finito e non me lo sono neanche gustato!

Una storia di speranza per i pazienti e per i medici, così l'hanno chiamata. Perché anche loro ne hanno bisogno: i dottori e il personale del reparto. Loro che hanno scelto di avere cura delle persone nel momento difficile della malattia e, con pazienza e senza scoraggiarsi, provano e riprovano, attendono e anche osano, lo sguardo fermo sul raggio di sole che filtra radente.

Oltre al programma terapeutico, abbiamo pronto anche quello alpinistico: a giugno una settimana sulle Alpi Occidentali – così, se c'è qualche problema, l'ospedale non è troppo distante –, in autunno un trekking con una "piccola" cima, e se tutto va bene chissà, magari la prossima primavera...

Romano non sembra sorpreso: durante i suoi settantuno giorni in "tenda d'isolamento" era questo che vedeva.

A ogni visita di controllo, le dottoresse sventolano a braccia tese i risultati delle analisi come bandiere in un giorno di festa: «Romano» dicono «è la dimostrazione che in Medicina bisogna sempre cercare una soluzione, anche quando da un punto di vista biologico sembra che non sia possibile. Una storia che apre nuovi spiragli nelle prospettive della ricerca».

Un po' come la salita di un ottomila da un versante sconosciuto: adesso altri lo potranno ripetere.

13 giugno 2011. A due anni esatti dall'inizio della scalata e dopo due trapianti di midollo, siamo sulla cima del nostro primo quattromila: il Gran Paradiso.

È bello guardare la leggerezza dei passi di Romano; da subito i piedi hanno ritrovato il loro ritmo e l'equilibrio, il tempo gli ha insegnato a distribuire ancora meglio le forze nella salita.

30 ottobre 2011. Himalaya, Mera Peak: il nostro primo seimila.

A condividere la scalata questa volta siamo in sei amici, tre di loro sono medici. È bello camminare insieme, fuori dalle stanze dell'ospedale! L'atmosfera è allegra e un po' cinica, come sempre in spedizione.

Fin dai primi passi ci sentiamo tornati al nostro posto. Alle quattro di mattina lasciamo l'ultimo campo e in un attimo Romano mi semina. La via è affollatissima; uno a uno sorpasso gli alpinisti ma lui è irraggiungibile. Lo trovo seduto in cima: è da un'ora che mi aspetta.

Il sole splende sul circo di montagne tutt'intorno: l'Everest, il Lhotse... è strano pensare di essere stati lassù.

Terzo atto

IL TEMPO DELL'ASSURDO

(Primavera 2012)

Oggi è il 6 aprile 2012 e siamo a Kathmandu!

Ci sono voluti tre anni per scalare il nostro quindicesimo ottomila, ma ce l'abbiamo fatta e adesso siamo nuovamente qui, a riprendere il cammino dal punto esatto in cui si era interrotto. Romano e io, ancora insieme.

È ovvio che abbiamo mille dubbi, ma il collaudo positivo del Mera Peak ci ha ridato speranza ed entusiasmo; e, senza paura di fallire, da qui in poi metteremo semplicemente un passo dopo l'altro, fin dove riusciremo.

All'albergo incontriamo Nima e Beni, venuti a salutarci e a discutere il programma prima di riprendere il viaggio verso la montagna.

Arriva subito anche la telefonata di Miss Hawley per la consueta intervista; ci accordiamo per l'indomani alle 9,30.

Andiamo a cambiare un po' di rupie e a mangiare qualcosa; Thamel non è affollato come un tempo. Per strada ci sono i soliti ragazzini che col naso infilato in un sacchetto stanno lì a farsi di colla, poi i cani pieni di fame e di rogna che i bambini di strada la notte usano come cuscini. Non c'è più l'uomo con la lebbra che chiedeva l'elemosina davanti alla pizzeria; con le mani mangiate dalla malattia, i soldi glieli dovevi mettere nella sporta che teneva a tracolla. Chissà se è ancora vivo.

Il giorno dopo incontriamo Miss Hawley. È contenta di rivederci e per prima cosa si informa sulla salute di Romano; dopo ci fa la solita intervista.

Terminato il colloquio, comincia il tour de force della giornata: al supermercato a comprare i viveri per la scalata (l'agenzia fornisce quelli per il trek e il campo base; al cibo che mangeremo in parete dobbiamo provvedere noi), poi di corsa al deposito a preparare i bidoni – perché il nostro cuoco Ghyalzen e l'aiutante Bhakta devono prendere l'autobus di linea alle tredici e partire con tutto il materiale –; quindi di nuovo in agenzia a definire gli ultimi dettagli. E infine il briefing al Ministero del Turismo, che consiste in un'attesa lunga ore perché vengano completate le scartoffie ed espletate le formalità per ricevere il documento che attesta il permesso di scalare la montagna (previo pagamento delle royalties e versamento della cauzione, a garanzia che lasceremo il campo base pulito dalle immondizie). Tutti gli anni giurano di aver semplificato la procedura che ogni volta, invece, diventa più lunga e complicata.

Superato lo scoglio burocratico, possiamo rilassarci.

Quest'anno siamo un gruppo di sette alpinisti che,

grazie alla nostra agenzia, si è aggregato nell'intento di dividere il costo del permesso e quello della logistica del viaggio, e magari unire anche le forze per la salita. Peter dalla Slovacchia, Horia e Adrian rumeni, Jorge e Martin dalla Spagna, e noi due. A parte Jorge, non conosciamo di persona i nostri compagni, ma siamo tutti alpinisti che da lungo tempo frequentano l'Himalaya: insieme sommiamo una cinquantina di ottomila saliti.

La mattina del 9 aprile voliamo a Bhadrapur, nel sudest del Paese, per incontrarci con Ghyalzen e Bhakta e proseguire insieme in jeep alla volta della montagna.

Fra le colline ondulate la strada sale verso l'Himalaya, scavalcando passi avvolti da una nebbia viscida e fredda, magari spiacevole per viverci dentro, ma ideale per la coltivazione di un tè nero, simile al Darjeeling indiano, e del cardamomo, una delle spezie più care al mondo. Noi, questi semi, li avevamo scoperti in India, dove per la prima volta avevamo assaggiato il tè così aromatizzato; ma il cardamomo lo utilizzavano già i Greci e i Romani nella produzione dei profumi e ancora oggi è usato come ingrediente nelle medicine tradizionali e in cucina, dal Medio Oriente fino all'India.

È sera tardi quando arriviamo a Phidim, la polverosa cittadina di mercato dove ci eravamo fermati a dormire nel 2009; per la notte ci sistemiamo nello stesso alberghetto lercio.

Istupidito dal freddo, dal tetto della jeep scende il giovanissimo assistente dell'autista. Tutto il viaggio se l'è fatto accoccolato lassù fra i bidoni, con il compito di saltar giù svelto per i lavori di manovalanza: fare rifornimento, consegnare le carte ai posti di controllo e battere sulla lamiera per dare indicazioni all'autista, un tipo taciturno e di pochi convenevoli.

Dopo cena noi andiamo in camera; il ragazzo, una coperta sotto braccio, sale a dormire in jeep e fare la guardia.

Il giorno dopo raggiungiamo il paese alla fine della carrozzabile; sono andati avanti bene con i lavori in questi tre anni: ne hanno asfaltato un lungo tratto e aperto un altro pezzo.

Anonimo e pieno di immondizie, il villaggio è un agglomerato di costruzioni spuntate attorno alla modernità portata dalla strada; somiglia a quelli dei film western, gli ultimi avamposti alla fine della ferrovia.

L'albergo è in un casermone di tre piani: sotto, negozi e un ristorante; al primo piano altri negozi e, all'ultimo, un sottotetto suddiviso in stanzette da fogli di latta, ciascuna con due brande rivestite da trapunte dal colore indefinito. Sopra, il tetto è di lamiera e, dentro, la temperatura è quella di una sauna.

Preso posto nella camerata, scendiamo a fare due passi. Fra le case, un brulichio di gente che lavora o fa passare il tempo, bambini e galline che razzolano insieme nell'immondizia, un nonno che ci chiede soldi per la foto che abbiamo fatto ai nipotini, e tutti i ragazzi con in mano il cellulare che, in attesa della rete, usano per ascoltare musica.

Sollevata dal vento, l'aria è carica di polvere che ricade grigia a ricoprire ogni cosa, a imbruttire questo villaggio derubato del suo pacifico equilibrio.

Sperando di non essere aggrediti dalle pulci, dopo cena saliamo in camera a dormire.

La mattina ci svegliamo presto, facciamo colazione e poi sediamo ad aspettare che i carichi vengano distribuiti fra i portatori: ogni bagaglio viene pesato e ripesato per mettere insieme colli da venticinque, trenta, fino a cinquanta chili. Dopo qualche ora ci incamminiamo.

La tappa è lunghetta e piuttosto faticosa, ma sempre meno di quelle che ci aspettano nei prossimi giorni.

Il villaggio di Khebang è uguale a come l'avevamo lasciato: quieto, pulito e curato; un altro mondo rispetto a quello che abbiamo attraversato giù.

Se nei villaggi in basso l'equilibrio è rotto, per Romano la colpa è della strada perché, dove arrivano le macchine, secondo lui si perde la cura per i luoghi. Ben venga la tecnologia se si porta via un po' di fatica dalla vita di queste persone, ma le strade, assieme al paesaggio, stanno trasformando anche l'architettura dei paesi e delle comunità. Come fare allora perché in cambio non debbano rinunciare anche alla loro identità?

Ad aspettare i cuochi, ci fermiamo davanti al lodge

dove, nel 2009, eravamo stati avvicinati dal signore anziano col grande quaderno.

Siamo seduti sul muretto dall'altra parte del sentiero, quando dal porticato dietro casa ci viene incontro la proprietaria con due bicchieri di limonata – la giornata è afosa e sicuramente siamo assetati –, le porgiamo dei soldi in cambio ma lei scuote la testa.

Il suo viso è illuminato da un sorriso dolce come un abbraccio, e nello sguardo traspare una bellezza destinata a non sfiorire: specchio dell'anima di una femminilità antica.

Chissà cosa pensano queste donne di noi: alpiniste che veniamo qui a scalare le montagne e a muovere i nostri passi su un terreno di gioco da sempre scritto al maschile. Per guadagnarci il nostro spazio, noi lottiamo per diventare sempre più simili agli uomini: accettiamo modelli, regole e metri di valutazione che nascono dalla voglia di competere per affermarsi sugli altri, continuando a credere che non ci sia altra strada che essere uguali a loro.

Come ovunque nel mondo, anche in questi villaggi ai piedi dell'Himalaya la vita delle donne è dura e faticosa, ma se mi specchio nei loro sguardi sento che forse, tra soccombere e prevaricare, ci potrebbe essere un'altra strada: tornare a volgere lo sguardo dentro di noi e, con coraggio, ritrovare le nostre qualità.

A quel punto le differenze, invece che per dividere in gerarchie, servirebbero da combustibile all'energia creativa che nasce quando si incontrano gli opposti, che si attraggono e si respingono, fino a completarsi.

Prima di cena siamo andati a fare un giro in paese. Nel grande spiazzo al centro del villaggio due squadre di ragazzi giocavano a pallavolo, mentre tutt'intorno i più piccoli facevano il tifo e correvano a raccattare la palla. In mezzo a loro c'era il maestro che si è avvicinato a fare due chiacchiere; dopo i convenevoli di rito ci ha raccontato del suo lavoro. Rammaricato, ci ha detto che i ragazzi sono svogliati e incuranti dell'importanza dello studio per costruirsi un futuro e, se vanno a studiare a Ilam o a Kathmandu, moltissimi si "perdono".

Il 16 aprile arriviamo a Ramche e ci fermiamo ad aspettare i portatori con il materiale.

Nei giorni di sosta, tutti e sette approfittiamo per sgambettare un po' attorno e, dalla cresta sopra il campo, dare una prima occhiata al Kangchendzonga. Non ha un'aria rassicurante: rispetto al 2009 sembra che ci sia poca neve e tanto ghiaccio; non sono belle condizioni ma ci penseremo quando saremo su.

Un pomeriggio, tornati al campo troviamo tende nuove: accompagnato da uno staff di nepalesi, è arrivato un signore di mezza età che sta facendo il trekking fino al ghiacciaio. Ci avviciniamo a salutare e fare due chiacchiere; è un omone simpatico che dice di venire da un Paese chiamato "Obamaland" e che lavora per un'associazione di protezione ambientale in Nepal.

La mattina, prima di rimettersi in cammino mi fa un regalo: un pacchetto di cracker e due tubetti di salsa. «Per la *young lady*» dice; con fare suadente gli rispondo «Grazie, galante adulatore!» e lui annuisce con una grossa risata.

La zona tutt'intorno al Kangchendzonga è talmente unica nella sua biodiversità da essere considerata "un regalo della Terra"; e per questo i Paesi nei quali la storia l'ha divisa – il Nepal a ovest, il Sikkim a est e verso nord il Tibet – hanno deciso di tutelarla e valorizzarla con progetti gestiti assieme alle comunità locali, per conservare ciò che la terra ha donato e, in maniera integrata, migliorare le condizioni di vita delle popolazioni.

In un caleidoscopio di paesaggi che sale dai milleduecento metri delle valli e delle foreste tropicali, poi alle praterie alpine e infine su, alle nevi perenni degli ottomila, vive un enorme tesoro floreale e arboreo – fino a ventitré specie di rododendri e oltre sessanta di orchidee – insieme con animali rarissimi come il leopardo delle nevi, il cervo muschiato e il panda rosso.

Si dice che sulle cime innevate del Kangchendzonga viva anche un essere alto più di due metri, dall'aspetto di scimmia e il pelame rado: è lo Yeti. Spirito della Montagna che scende a valle per nutrirsi del muschio delle morene, è il dio della caccia e il signore delle creature della foresta.

Patrimonio di questa terra è anche la ricchezza di popoli che, come le onde di un oceano, nei secoli sono approdati alle pendici della montagna. Limbu, lepcha, nepalesi e tibetani; etnie, culture, lingue e religioni che qui hanno trovato il rifugio in cui crescere e vivere felici.

In bilico fra mito e storia, le loro tradizioni ancora oggi venerano il Kangchendzonga come il dio che vigila e protegge, assicurando pace e prosperità all'intera regione. E ciascuna di esse narra della bellissima valle nascosta alle sue pendici e dei meravigliosi tesori in essa celati, a celebrare la ricchezza di questa terra e delle sue abbondanti messi. "La valle nascosta del riso", la chiamano i popoli di origine tibetana; "la terra del paradiso nascosto" è per i lepcha.

Quando, nel 1955, il Maharaja del Sikkim diede agli inglesi il permesso di scalare il Kangchendzonga, ingiunse al capo spedizione di fermarsi a due passi dalla cima, e preservare così la purezza e la santità del picco.

Nel tempio della natura, i nostri antenati alzavano gli occhi al cielo a scrutare l'infinito e nell'eco del silenzio ascoltavano il respiro degli dèi. Loro ingrandivano la vita con lo stupore. Noi, figli del progresso con le ali tarpate dal disincanto, veniamo qui attratti dal mito misurato in altezza. Che miopia!

Spazzato dal temporale di ieri, il cielo adesso è pulito.

Dopo colazione siamo andati a fare due passi fino all'ingresso nel ghiacciaio; il vento era quieto. Sui fianchi erbosi della morena, i cespugli di rododendro nano riempivano l'aria dell'alito profumato della terra mentre, di là dalla cresta, salivano secchi gli schianti del ghiacciaio nel suo impercettibile fluire a valle. Al culmine della morena abbiamo trovato una trappola fotografica che, invece del leopardo delle nevi, ha immortalato il mio muso che le si era parato davanti a curiosare, facendo scattare il sensore a infrarosso.

Il 19 arriviamo al campo base. Che fatica, non ricordavo le tappe così lunghe; sono talmente spompata che mi domando come abbia fatto Romano nel 2009, a "uscire dalla montagna" in quelle condizioni.

Quest'anno il campo non è affollato come allora e possiamo risalire il costone fino in cima per cercare il posto migliore dove montare le tende ed essere più vicini all'attacco della via.

Il resto della giornata lo passiamo a lavorare sodo, ma a sera siamo contenti: ci siamo sistemati proprio bene.

Il giorno dopo arrivano i bidoni: tutti integri a parte quelli di Jorge, uno degli spagnoli, al quale hanno rubato medicine e batterie. Siamo rabbiosi ma il problema non è irrimediabile, divideremo quel che c'è, tanto, come mi prende in giro Horia che viene da Timisoara, ho più medicine io che un ospedale rumeno.

Stamattina Romano aveva un po' di mal di testa; non dovrebbe essere niente di preoccupante perché lungo il trekking è stato benissimo, ma ormai sono talmente ansiosa che mi si rizzano i capelli in testa se solo starnutisce. «Adesso sei tu che devi smettere di considerarlo malato» mi ripetono in ospedale a ogni visita di controllo.

Romano il 17 maggio 2009. «Si va avanti. E il tempo, anche lui va avanti; finché dinnanzi si scorge una linea d'ombra.»

Il secondo giorno arriviamo al villaggio di Yanghpudin; di etnia sherpa, è l'ultimo insediamento stanziale che incontreremo lungo il cammino.

Nei secoli, contro queste montagne si sono infrante le ondate di un oceano di uomini che qui hanno trovato il rifugio in cui vivere e prosperare.

Dopo il nostro primo Quattromila, il Gran Paradiso, appena arriva l'estate torniamo alle vie su roccia. 26 agosto 2011, via Fedele al Sass Pordoi. Arrivati in cima, sarà bello annusarsi le mani e ritrovare l'odore che hanno dopo una scalata. Un'emozione che non ha mai smesso di mancarci.

Parete Nord del Triglav. "Per quanti monti io abbia visto, nessuno eguaglia le Giulie". Così scriveva a fine Ottocento Julius Kugy, che insieme alle sue guide, abili bracconieri e scalatori, fu tra i primi a esplorare queste montagne.

Secondo atto, 2011

Alpi Giulie. La catena del Mangart si specchia nelle acque del lago superiore di Fusine. È la nostalgia della bellezza che ci dà la forza per resistere alla prigione della malattia.

Diciottenni, ci siamo uniti in cordata a scalare le montagne, senza immaginare la strada che avremmo disegnato sotto i piedi.
"*Caminante* non c'è un sentiero
il sentiero si fa camminando." *Antonio Machado*

Nepal, in cammino verso il Mera Peak. È bello guardare la leggerezza dei passi di Romano che hanno subito ritrovato il ritmo e l'equilibrio.

Secondo atto, 2011

Catena del Mangart, Ponza di Mezzo. Stiamo scalando la parete nord… te ne accorgi dall'odore del freddo.

… poi ci furono le guerre e il mondo fu diviso in due: da una parte l'Occidente, di fronte il blocco comunista che iniziava proprio con la Jugoslavia. Su queste creste correva un tratto del muro, invisibile e invalicabile, che la storia aveva costruito a dividere i due mondi.

A bordo del leggendario "Maggiolone" celeste è arrivata Miss Hawley. Adesso ci aspetta la consueta intervista.

Horia alla fine della carrozzabile. Il villaggio è anonimo e pieno di immondizie, un agglomerato di costruzioni cresciute attorno alla modernità portata dalla strada.

Giorno dopo giorno abbiamo camminato alzandoci di quota fino alla località di Ramche, una grande piana erbosa che corre a fianco del ghiacciaio.

Romano (*sotto*) e io (*a destra*) in salita verso il campo 1 del Kangchendzonga. Terzo ottomila della Terra, si eleva sul confine fra Nepal e Sikkim ed è la prima barriera che il monsone incontra salendo dal Golfo del Bengala. Fu scalato per la prima volta nel 1955 da una spedizione inglese, lungo questa parete chiamata Yalung, il versante sudovest della montagna.

Per roccette e canalini, dalla sella ci si abbassa un centinaio di metri fino a entrare in un vasto plateau crepacciato, a seimila metri di quota.

Nel bianco della neve si stagliano brillanti i colori delle tende.

Jorge e Martin partono per primi. Appena monteranno sul pendio, sotto i piedi si staccherà il lastrone di una valanga che li trascinerà via.

Vasto e pianeggiante, attraverseremo il grande plateau a seimila metri e poi ricominceremo a salire, verso il grande seracco a sei e sei.

Raschiati dal vento, i seracchi sono muri di ghiaccio durissimo, pendenti fino a strapiombare. Romano e la sua curiosità indomabile sono sempre davanti, come il nostro cane Pit, quando lo liberiamo dal guinzaglio. (*Foto a sinistra e nella pagina accanto*)

Nel labirinto di seracchi e crepacci, saliamo cercando la via verso il Great Shelf.

Accompagnati dal maestro visitiamo la scuola elementare di Yangphudin; questa è l'aula insegnanti.

Nella piccola aia di terra battuta, due donne separano i chicchi dalla paglia e li raccolgono in sacchi; con l'economia di un gesto che diventa eleganza e armonia.

Nella parte facile di bassa quota, a trasportare i nostri bagagli sono dei ragazzini. Maschi e femmine, si prestano a questo lavoro faticoso per guadagnare qualche soldo.

In questi posti lontani dal mondo un libro non è tempo rubato a qualcos'altro; e, senza nient'altro da fare che leggere, te lo puoi gustare indisturbato.

A Ramche ad aspettare i portatori, passiamo il tempo con gli amici spagnoli. Loro parlano spagnolo e noi italiano, quando proprio non ci si capisce si usa l'inglese.

Dalla piana di Ramche scavalcheremo la cresta per entrare nel ghiacciaio, porta d'accesso alla nostra montagna. (*Foto a sinistra*)

Nuove bandiere verranno appese al fianco delle vecchie, a dare il benvenuto ai cambiamenti, nella grande ruota di cui tutto è parte.

Quarto atto, 2014

Dopo i mestieri di casa, scrivo il diario seduta al nostro belvedere: il bellissimo masso perfettamente piatto, con il praticello tutt'intorno.

Il campo base è proprio bello: un pendio disseminato di grandi massi a strapiombo sul ghiacciaio, e qua sopra il Kangchendzonga, la "Montagna dei Cinque Tesori". (*Foto alle pagine precedenti*)

Nella penombra gelida del mattino, il 25 aprile celebriamo una rapida *puja* e subito partiamo per salire a fare un deposito in parete.

Romano mi fotografa mentre saliamo verso il campo 1. Quando torneremo giù, il campo apparirà piccolo in lontananza. Poi ci verrà incontro come un porto alla fine di un viaggio.

In cammino verso lo zenit, il sole si riversa sulla montagna in un fiume abbagliante. (*Foto alle pagine seguenti*)

Arrivati a sei e due scaricheremo il materiale mettendolo in un sacco che segnaleremo con un bastone di bambù e del nastro colorato in cima.

Romano va da primo a batter traccia e tirar fuori le corde sommerse dalla neve... (*Foto nella pagina accanto*)

... e, quando provo a dargli il cambio, mi rimanda dietro perché sono troppo lenta, dice, e gli "vien nervoso". (*Foto sopra*)

Al grande seracco a sei e sei troviamo gli sherpa seduti a riposare; una breve sosta per offrire qualche caramella e passiamo avanti noi.

Accoccolati dentro il seracco a settemila e sei, guardiamo il mare arruffato di nuvole che riempie le vallate fino all'orizzonte: solo le cime più alte riescono a spuntare dai suoi flutti.

Quota 7200 metri. Sul grande pianoro del Great Shelf che si vede nitido fino da Darjeeling, cento chilometri più a sud. (*Foto nella pagina accanto*)

Sciogliere la neve, bere, mangiare, preparare il materiale: una sequenza di gesti sempre uguale e acquietante come la liturgia di un rito.

Quarto atto, 2014

Quarto atto, 2014

Sotto i nostri piedi si spalanca il vuoto mentre sopra, la montagna si stringe nell'arco di roccia delle cime dove ormai si arena il canale. Dove andare adesso?

A due passi dal culmine sacro Romano e io ci accovacciamo a terra. Dopo cinque anni il Kangchendzonga si è offerto a noi due saliti soli; a due solitudini unite in coppia verso la cima.

Per fortuna Jorge mi rassicura, lui che fa finta di niente ma ci tiene d'occhio tutti, mi sussurra che lo vede bene. Jorge è un pediatra che ha scelto di prendersi cura dei bambini che vivono nelle zone sfortunate della Terra, come Africa e Sudamerica; quando nelle e-mail ci si saluta, lui conclude sempre dicendo: «Vi mando un grande abbraccio e i sorrisi dei bambini attorno a me».

Adesso siamo in tenda, sono le 17,30 e nevischia come ogni pomeriggio. Stasera faremo festa con torta e candeline, perché oggi Romano compie gli anni! E domani puja.

Il 22 aprile, saliamo al campo 1 a fare il solito deposito di corde e materiale per la via.

Il giorno prima, al campo base eravamo stati convocati al briefing organizzato dalle spedizioni per stabilire la suddivisione del lavoro in parete. Naturalmente è finita quasi in rissa perché è difficile la convivenza tra modi così lontani di scalare le montagne: i clienti hanno bisogno di campi e depositi di bombole e di una fila di corde dalla base fino in cima, compresi i tratti pianeggianti.

Affascinate dal mito misurato in metri, al giorno d'oggi sempre più persone vogliono scalare gli ottomila e vivere un'esperienza di libertà, ma, il più delle volte inadatte, da sole si sentono abbandonate e si appoggiano completamente agli sherpa ai quali chiedono: pranzo pronto, traccia battuta e campi attrezzati, e soprattutto la cima. Senza accorgersi che così non scalano la montagna, ma grazie al lavoro di questi uomini – e spesso anche alla fortuna – le "sopravvivono" soltanto.

Se una cima è affollata di grosse spedizioni, i professionisti a capo dei gruppi si accordano tra loro per dividere i lavori fra le rispettive squadre di sherpa, e poi stabiliscono la quota con cui gli altri, quelli sguarniti di manodopera, devono contribuire.

Quest'anno però c'è poca gente e soltanto una decina di sherpa e tre clienti: non ce la possono fare ad attrezzare la via e allestire i quattro campi necessari e i depositi di bombole. È ovvio che noi faremo la nostra parte, ma non siamo i loro sherpa e non intendiamo fissare corde dove non è necessario.

Le tragedie in montagna succedono e non serve spianare loro la strada perché, se la fatalità esiste, esiste anche il buon senso; quanti incidenti accadono perché si delega la responsabilità a un'entità astratta chiamata "gruppo", facendo finta di non sapere che il gruppo siamo noi!

La montagna ti impone di essere cosciente del rischio e libero di scegliere; e, senza sopravvalutare le capacità della squadra, bisogna essere consapevoli che la sua forza è pari a quella dell'anello più debole. Per questo, la libertà comporta disciplina.

Per il quieto vivere – e soprattutto per evitare ritorsioni in parete – il nostro gruppo si è preso il compito di fissare le corde dal campo 2 al 4, la parte impegnativa, prima del difficile tratto verso la cima.

Ci sono tanti modi di vendicarsi in montagna;

basterebbe aprire un po' la cerniera o sfilare qualche picchetto d'ancoraggio e alla prima raffica di vento le nostre tende in parete volerebbero via, assieme al materiale... e alla nostra spedizione.

Partiti alla spicciolata tutti e sette, in un'oretta raggiungiamo il gruppone di sherpa e alpinisti in salita verso il campo 1; Jorge e Martin sono riusciti a sorpassarli; io e Romano li abbiamo beccati nel tratto ripido e non ci hanno lasciati passare.

Mentre eravamo fermi in coda è arrivato sparato uno sherpa che, "scansata la femmina", mi è passato davanti e ha attaccato lo strapiombetto "a mani nude", senza maniglia *jumar.* Con un grosso zaino sulla schiena, dopo appena un paio di bracciate penzolava sfinito.

Al pensiero che mi cadesse addosso, io mi sono fiondata su una vecchia corda che pendeva a fianco e stando ben attenta a non appendermi – visto che non sapevo se era danneggiata o ancorata bene sopra – l'ho risalita a passi veloci e delicati fino alla sosta successiva, sopra il salto di ghiaccio; nel frattempo lo sherpa continuava a soffiare come un mantice, dondolando a penzoloni in mezzo allo strapiombo.

Ti sta bene: così impari a fare il bullo.

Più su, appena il pendio si fa meno ripido, siamo riusciti a sorpassare la colonna. Raggiunto il campo, abbiamo dato una mano agli spagnoli a montare la loro tenda, quindi abbiamo preparato il nostro deposito e poi insieme abbiamo proseguito fino alla sella, a dare un'occhiata all'entrata nel plateau.

Gli altri tre nostri compagni, intanto, erano ancora fermi in colonna sotto il campo.

Seduti sulla cresta, abbiamo studiato il percorso: giù per le roccette, attraverso l'ampio pianoro crepacciato e poi di nuovo su, verso il grande seracco a sei e sei. E poi basta: girati i tacchi, ci siamo rimessi in cammino per tornare al campo base.

Dal crinale Jorge e Martin partono per primi tenendo in mano la bobina di corda da srotolare scendendo. Appena montano sul pendio, sotto i piedi si stacca il lastrone di una valanga che li trascina via. Romano e io teniamo fissi gli occhi su di loro, per cogliere il momento in cui la neve li seppellirà.

Spariscono.

Correndo, raggiungiamo il bordo del salto e ci affacciamo: grazie al cielo sono vivi, qualche metro sotto di noi, apparentemente illesi. Martin ha brutte escoriazioni, ma Jorge, per non essere travolto, ha tenuto stretta la corda che gli ha bruciato la mano fino a ledere il tendine. Sono sconvolti.

Ci raggiungono anche Peter, Horia e Adrian, e tutti insieme scendiamo verso il campo base calando Jorge nei tratti difficili, per il resto vuole fare da solo.

Appena arriviamo, vado a prendere la cassetta dei farmaci e lui, senza una parola né un lamento, si medica da solo.

Horia intanto chiama l'agenzia per attivare il soccorso; tempo permettendo l'elicottero verrà a prenderli domattina, all'alba. E così, alle sei del 23 aprile, Jorge e Martin volano in ospedale a Kathmandu.

Quanti pensieri mi girano per la testa; come al solito sono in balia delle emozioni: la preoccupazione per la salute di Romano, il dubbio se sarò in grado di aiutarlo casomai dovesse aver bisogno. E poi ancora: cosa ci facciamo noi due qui? Stiamo cercando di rimanere legati a un passato ormai sepolto o c'è ancora qualcosa che dobbiamo fare?

Romano non ha dubbi: scalare le montagne è quello che gli piace. Vuole vedere se, dopo tutto quel che gli è successo, è ancora in grado di salire un ottomila; e vuole anche una rivincita per gli anni che, lui dice, gli sono stati rubati da quando il mondo gli si è rivoltato contro.

E io, cosa cerco? Non la gara ovviamente: il podio è finalmente assegnato e possiamo tornare in pace alle montagne. Già quando recitavo la mia parte nella corsa, mal digerivo quelle regole; figurarsi adesso, che ne sono uscita col marchio di perdente.

Però mi spiace per come è finita la corsa femminile fra polemiche e veleni; a chi me lo chiedeva l'ho anche detto, consapevole delle frecciate che più o meno velate mi sarebbero tornate indietro. La salita dei quattordici ottomila poteva essere l'occasione giusta per cambiare i passi della danza e prendere con coraggio la nostra strada, che non è superiore o inferiore a quella degli uomini, ma semplicemente diversa.

E invece siamo andate avanti a inseguire record, graduatorie, spettacolo e mercato; abbiamo continuato a competere anziché eccellere, a vincere per non perdere, a prendere la vita d'assalto obbedendo a regole astratte, invece di comprenderle con la saggezza del cuore.

Perché questa poteva essere la sfida: non rinunciare alla performance, ma concepirne un senso nostro, femminile, a dispetto della volontà di questo tempo e dei suoi idoli.

E, quindi, io cosa voglio? Stare al fianco di Romano in questa sua scalata speciale? Sono preoccupata solo per lui, o anche impensierita dall'immagine che la montagna rifletterà di me?

Però, se chiudo gli occhi e sto ad ascoltare, quello che sento è l'allegria di rivedere il Kangch e la serenità del sentirmi al posto giusto; perché adesso non vorrei essere altrove che qui.

Quest'anno ho una sensazione nuova: mi sento sciatta e per niente professionale. Forse anche un po' puzzolente... bah, proviamo con una spruzzata di deodorante!

Adrian ha deciso di tornare a casa; non si sentiva tranquillo sulla montagna e con saggezza ha scelto di non insistere. Insieme con due portatori ha lasciato il campo. A tutti noi dispiace che abbia deciso di partire, e siamo rattristati per quello che è successo a Jorge e Martin. Ormai il nostro gruppo è dimezzato e siamo rimasti in quattro: Peter, Horia e noi due; continueremo insieme a tentare di salire la montagna.

Loro due sono persone con cui è piacevole non soltanto scalare, ma anche parlare. Peter, slovacco di Poprad, è un alpinista dal curriculum sorprendente;

sposato e con due figli grandi. Più giovane, di professione Horia è dentista. Anche lui è sposato e ha un figlio piccolo; sul telefonino ci mostra i filmati del bimbo che, traballante sulle gambette, si aggira per casa brandendo un cucchiaio come un clava. «È vorace come un *piraña*» dice il papà.

Il 24 aprile ripartiamo con lo zaino carico e, arrivati nel plateau a seimila metri, troviamo una sorpresa: invece che fino al grande seracco del campo 2, come deciso nel briefing, il lavoro degli sherpa termina dopo appena un paio di corde nel pianoro. Ai piedi della salita verso il seracco, però, c'è il deposito per i clienti: tende, bombole, viveri e materiale per i campi.

Inutile arrabbiarsi, sappiamo bene che i "summit da campo base" non sono che chiacchiere al vento perché, presi a tavolino, sono accordi astratti vuoti di buon senso; è naturale che non vengano rispettati, quegli sherpa non possono mica far miracoli: o attrezzano o trasportano questi carichi "obesi" per i clienti.

Montiamo le nostre tende e bivacchiamo.

La notte è bruttina: i materassi sgusciano qua e là e i denti scricchiolano dal freddo, la condensa cade come neve e Romano continua a sbuffare, dicendo che non sto ferma un attimo e non lo lascio dormire. Erano tre anni che non provavo il saporaccio delle notti in alta quota. Perché è bello il gesto del salire, ma è l'eternità delle ore chiusi dentro al buio a essere insopportabile: scomodi, stretti, umidi e con talmente poco ossigeno che bisogna rubarselo a vicenda.

Mi è tornato in mente d'improvviso questo pomeriggio, appena sentito l'odore della tenda mentre la montavamo. Che strano: senti un odore e vedi un ricordo; non serve frugare nella memoria, riemerge di botto, come eruttato da un vulcano.

La mattina dopo sbaracchiamo e proseguiamo; sotto il grande seracco a seimila e sei montiamo il campo, attrezziamo il difficile salto di ghiaccio e poi torniamo giù.

Dentro il plateau cala la nebbia e comincia a nevicare; senza il filo d'Arianna delle corde né una bandierina a segnare la via, lo sguardo deve frugare nel bianco a cercare la direzione e la sfumatura dei ponti di neve sui crepacci. In quel fondale piatto e senza ombre ci muoviamo come i ciechi protagonisti del libro di Saramago, che stiamo leggendo giù, al campo base.

28 aprile. Le previsioni annunciavano una veloce perturbazione ma per ora il cielo è sereno, fino all'orizzonte.

A noi quattro piacerebbe salire a settemila e due, sul Great Shelf, e passare un paio di notti lassù ad acclimatarci; il problema è che non sappiamo se qualcuno è andato avanti ad attrezzare. Ne dubitiamo: gli sherpa stanno menando il can per l'aia e probabilmente, valutati i clienti, preferiscono temporeggiare senza spingersi troppo avanti; in questo senso, una decisione saggia la loro, per contenere rischi e danni.

Nel pomeriggio il cielo si chiude d'improvviso.

Sul fondo grigio delle nuvole, i colori delle bandiere di preghiera si stagliano brillanti: il giallo che rappresenta la terra, il verde l'acqua, il rosso il fuoco, il bianco la nuvola, e infine il blu, a raffigurare il cielo e lo spazio più puro. Li chiamano *lung-tà*, "i cavalli del vento", questi rettangoli di stoffa colorata con su scritte le formule dei mantra e al centro il dio Cavaliere. Legati l'uno all'altro da una lunga corda, sono appesi al palo dell'altare della puja.

Scosse dal vento, le formule dei mantra si spargono a pervadere di buoni auspici lo spazio tutt'intorno; consumata dagli elementi, la stoffa si dissolverà e ritornerà alla terra, mentre nell'aria purificata le preghiere resteranno, a promuovere pace e saggezza per tutti i viventi.

Nulla è eterno, e proprio come la nuova vita nasce a sostituire ciò che muore, così nuove bandiere verranno appese al fianco delle vecchie, a dare il benvenuto ai cambiamenti, nella grande ruota di cui tutto è parte.

Seduta su un sasso vicino alla tenda guardo le bandiere correre nel vento; mi colpisce la bellezza che mi circonda, ma non più col trasporto "animista" di un tempo; e mi accorgo che non sto chiedendo nulla alla montagna: nessun conforto e nessun aiuto. Che stia diventando pragmatica e cerebrale come i maschi? Potrebbe essere un vantaggio non essere sempre in balia delle emozioni.

Dall'inizio della spedizione ho letto quattro libri e me ne mancano altrettanti.

Uno è *Agnes Browne mamma* di Brendan O'Carroll. Quando l'ho visto sullo scaffale dell'edicola l'ho scelto a scatola chiusa, a convincermi è bastata la foto in copertina. È la storia di una mamma nella Dublino degli anni Settanta, con un marito inetto che per fortuna dopo un po' toglie il disturbo, lasciandola felicemente vedova e libera di crescere i suoi sette marmocchi.

Il mio "libro dell'anno", però, è *Cecità* di Saramago; una storia senza tempo né luogo che racconta di un'epidemia di cecità bianca. Restituite a una libertà senza regole, in un batter d'occhio le persone rivelano la faccia buia che gli si nasconde dentro. E in un vortice orrendo di egoismo, violenza e indifferenza, nell'ex manicomio trasformato in lager, tutti derubano gli altri – e se stessi – della dignità. Una cosa però non capisco: perché solo la moglie del dottore non viene contagiata? E perché tocca a lei il gesto necessario di ammazzare, «quando è ormai morto ciò che è ancora vivo»?

5 maggio. La perturbazione stava solo prendendo la rincorsa; da quando è arrivata, è tutto un girotondo di nuvole, neve e freddo. Domani dovrebbe essere la giornata peggiore; speriamo che non nevichi troppo, è già abbastanza dura e difficile così.

Il 30 aprile, poi, ce l'avevamo fatta a fare una capatina in su.

In un'altalena di sole e neve siamo saliti fino a seimila e otto superando tre seracchi davvero difficili. E

Romano e la sua curiosità indomabile erano sempre davanti, come il nostro cane Pit quando lo liberiamo dal guinzaglio.

Rispetto al 2009 c'è davvero poca neve: i crepacci sono spalancati e ti costringono a fare giri dell'oca per trovare una strozzatura dove scavalcarli, mentre i seracchi, raschiati dal vento, sono muri di ghiaccio durissimo pendenti fino a strapiombare.

"Speriamo che ce la caviamo!"

Nel 2009, all'attacco della montagna c'era un esercito forte di uomini e mezzi, adesso siamo praticamente noi quattro ad attrezzarla e, con queste condizioni difficili, siamo arrivati con fatica soltanto a seimila e otto. Praticamente le abbiamo solleticato i piedi.

Dopo tre anni di assenza avevo dimenticato quant'è dura anche l'alta quota: l'ipossia così asfissiante, il vento ossessivo, il freddo che congela perfino le palpebre e la forza del sole che brucia ogni cosa. E poi la stanchezza, il peso di questo zaino che rende il passo uno sforzo di volontà prima che fisico.

Altro che leggero, questo nostro alpinismo! Visto da sotto lo zaino, nemmeno quando stai seduto a riposare ti vien voglia di declamare la bellezza del paesaggio.

Ma è così quando non è "virtuale", quando il rapporto con la montagna è ancora fisico, diretto e senza sconti.

Oggi è il 6 maggio e da domani il tempo dovrebbe migliorare. Le previsioni non ne danno la certezza, ma noi quattro vogliamo provare a salire senza limiti, magari fino in cima.

Ho preparato tutto e controllato bene il materiale da portare su. Sarà dura e non ci penso neanche se possibile o impossibile, con quello faremo i conti dopo, quando saremo in parete.

È talmente strano da sembrarmi quasi uno scherzo, il partire per tentare la cima, intendo. Sono ancora nel vortice dei dubbi ma ho deciso di provare, perché questa è la "montagna di Romano".

Con indifferenza, la vita l'ha spinto verso il baratro, ma nella prigione della malattia lui si è tenuto stretto al ricordo della montagna, e dalla nostalgia della sua bellezza gli è nata la forza per resistere. È stato un bene perché, a tener fisso lo sguardo sul buio dell'abisso, rischi di cascarci dentro.

Il 7 maggio saliamo veloci alle nostre tende a sei e sei e, "campo" in spalla, la mattina dopo ripartiamo. Romano, Peter, io e infine Horia.

Gli zaini sono pesantissimi, me ne accorgo già dal grande seracco che, appeso sopra le tende, ti dà il buongiorno alla partenza dal campo.

Sotto, già si superano alcuni seracchi ma questo è il primo tanto lungo e verticale e spazzato dal vento, di un ghiaccio duro come il cemento. Partiamo così, "a crudo", senza neanche un metro di cammino per sciogliere i muscoli ancora rigidi dal sonno; per la fatica soffiamo tutti come dei mantici.

Ci siamo solo noi in parete, le altre spedizioni sono ferme al base.

Oltre il primo salto c'è tanta neve da battere, poi un altro seracco faticoso, di nuovo neve fresca, e ancora un seracco, terribile, di ghiaccio verde strapiombante e da scalare in obliquo. Ne salto fuori dopo un'eternità, dalla fatica non riesco neanche a respirare.

Afflosciata come una marionetta, sono appesa alla corda in cima all'orribile strapiombo, ad annaspare in cerca d'ossigeno; Romano mi guarda e scuote la testa sconsolato, alla fine sbotta: «Non sei più quella di prima: sei lenta e debole».

La bocca spalancata e gli occhi fuori dalle orbite, non riesco neanche a mandarlo al diavolo.

Sopra la salita prosegue uguale: neve da battere, seracchi faticosi, e Romano sempre avanti con Peter a darsi il cambio. Un passo dopo l'altro continuo a testa bassa e rimugino sull'offesa; se io sono lenta e debole, allora lui è un dopato, con tutte le pozioni magiche che gli hanno dato durante la malattia!

Appena alzo gli occhi per cercare gli altri, mi scopro imprigionata in un vento bianco di neve. Eccoci di nuovo persi nella nebbia: accecati, non capiamo più dove siamo né dov'è il pianoro del Grande Ripiano.

La visibilità è di appena pochi metri e l'importante adesso è mettersi al riparo: quando il pendio si appoggia, tenendoci l'un l'altro d'occhio ci sparpagliamo in cerca di un posto dove piazzare il campo. Una di fronte all'altra montiamo le tende e ci infiliamo dentro; adesso dobbiamo pensare a bere.

Senza neanche uno spiraglio per non fare entrare la bufera, la tenda si satura in un attimo e, subito condensato dal freddo, il vapore ricade in fiocchi di ghiaccio a ricoprire tutto.

La notte è proprio brutta: fredda, bagnata e con tanta fame d'aria.

Almeno la mattina dopo la nebbia si è alzata e scopriamo di essere al posto giusto: sul Great Shelf.

Le previsioni giurano bel tempo e decidiamo di fermarci ad aspettare, ma quando ci svegliamo il giorno successivo il cielo è nero di tempesta e sul pendio ci sono già trenta centimetri di neve fresca.

Una tazza veloce di caffè, chiudiamo bene le tende, controlliamo gli ancoraggi e partiamo di corsa; dobbiamo cercare di tornare presto giù, al campo base.

La neve è fonda e, nonostante stiamo scendendo, io sono stanca morta. Guardo i miei compagni e vedo che ciascuno si sta muovendo solo, chiuso nella solitudine della fatica.

Quando arriviamo al campo base, pranziamo e ci infiliamo subito in tenda. Sono talmente stanca che non ho neanche voglia di prendere il quaderno e buttare giù il resoconto della salita.

Mi domando: se avevo il fiatone a scendere da quel terribile seracco, come farò a risalirlo ancora?

Almeno il bilancio della sfacchinata è positivo. Abbiamo montato la tenda sul Great Shelf e passato due notti oltre i settemila: con l'acclimatamento siamo a posto. Nella lista però mi tocca aggiungere: persi n. 1 berretto e n. 2 guanti, entrambi destri.

Le previsioni annunciano che il 17 maggio è la giornata buona per tentare la cima. Il tempo non sarà perfetto perché dicono che il vento calerà solo per quel giorno, il resto della salita ci strapazzerà per bene.

Di nuovo il 14 maggio la partenza dal campo base, per cercare di essere in vetta il 17. Le date sono le stesse: proprio come nel 2009.

Prepariamo gli zaini, mettiamo via il bucato e facciamo la doccia: siamo pronti. Speriamo che il fisico e la testa reggano ancora; e speriamo di non trovare brutte sorprese al campo sul Great Shelf.

Non appena imprimo la spinta al passo ogni dubbio svanisce e, con la leggerezza delle decisioni prese, ritrovo subito il ritmo tranquillo, pacificante, dettato dal metronomo interno.

Il tempo è buono, così come le condizioni della parete. Tutti e quattro stiamo bene e, centellinando pensieri e parole, saliamo leggeri verso la cima che si avvicina, un passo dopo l'altro.

Di tanto in tanto, alzo lo sguardo per vedere quanto manca. Ma d'un tratto scompare.

19 maggio, campo base; domani comincia il viaggio di ritorno verso casa.

Quel che è successo il 17 maggio non lo voglio proprio raccontare. Magari dopo, ma in questo momento non ne ho voglia; adesso ho solo bisogno di sbollire.

Che brutto sogno, non era così che doveva andare! Ci contavamo, ci credevamo perché avevamo dato tutto: energie, entusiasmo, impegno a portar su quei carichi pesanti, a batter traccia e attrezzare i difficili seracchi; l'acclimatamento era a puntino, la squadra c'era, il tempo era favorevole: tutto. Era solo la giusta conclusione di un lavoro perfetto.

E invece ecco l'assurdo.

Sono le diciotto e sono fuori dalla tenda a fumarmi una sigaretta; questa volta non c'è il sole, la montagna è avvolta nella nebbia.

«Quando gli dèi vogliono punirci accolgono le nostre preghiere»: è sempre lo stesso il mantra che mi ripeto a ogni cima mancata... E forse neanche stavolta gli dèi ci hanno voluti punire... ma prenderci per i fondelli, sì!

Non ce l'ho con la montagna, sono rabbiosa per l'ingiustizia della vita che gratifica a casaccio. Perché questa cima era il premio per Romano, guadagnato e meritato dopo tutto quello che gli è successo.

La malattia, la sofferenza e gli anni passati un giorno dopo l'altro, senza certezze dell'indomani; il corpo derubato di ogni forza dal male, dalle terapie, dal tempo passato in un letto d'ospedale. Poi farcela proprio quando ogni speranza sembrava perduta; e riuscire perfino a tornare qui.

Quando ci eravamo incamminati non guardavamo alla cima, pensavamo solo a mettere un passo davanti all'altro, fin dove ce l'avremmo fatta.

Giorno dopo giorno, Romano si è dimostrato forte e determinato come prima e anch'io, messe da parte le paure, ero tranquilla a sgambettargli dietro; il corpo accettava di salire sempre più su.

Fino all'ultimo bivacco. Partire per la cima e poi...

22 maggio, secondo giorno di trekking di uscita: ieri dal campo base a Tzeram e oggi a Yanghpudin.

Le tappe sono lunghe e faticose e Romano e io siamo sempre più sbalorditi della sua impresa quando, nel 2009, le ha affrontate con l'emoglobina a 6.

Insieme a Peter e Horia, la sera Romano si ferma in cucina da Tshering a bersi qualche boccale di *tongba*, la birra locale. Tornato in camera, mi racconta che volando di bocca in bocca più veloce della rete, l'eco della nostra "impresa" ci ha preceduti e quello sherpa si sta facendo delle grasse risate alle nostre spalle.

Proprio non doveva finire così.

Ok: è già un regalo essere qui perché vuol dire che siamo entrambi vivi; ma io sono imbufalita e non mi passa. È vero che la fortuna è cieca e, ancora di più, che la sfiga ci vede benissimo!

Provo a raccontare.

In previsione della finestra del 17 maggio, noi quattro il giorno 14 saliamo al campo 2, e il 15 al 3. Con gli zaini leggeri – dentro solo un po' di viveri e gas – ci sembra di volare.

Caricato il campo in spalla, dal Great Shelf proseguiamo verso l'ultimo bivacco prima della cima.

Attorno ai settemila e sei, sotto un seracco rimontiamo la tenda e ci saltiamo dentro. Subito cominciamo a sciogliere neve e a bere, mangiare e riposare, per cercare di recuperare almeno un po' di forze per andare avanti.

A mezzanotte sveglia e alle due del 17 maggio cominciamo a salire.

Oltre il seracco sopra le tende, imbocchiamo un ripido canale e in fila indiana andiamo avanti regolari: Romano, io, Peter e Horia.

È buio pesto: niente luna né stelle. Il nero del cielo sembra sia colato a ricoprire tutto: impossibile riconoscere l'architettura della montagna. A tentoni arriviamo a una fascia di rocce che sbarra il canale. Da che parte andare?

Peter dice a sinistra e si allontana in quella direzione. Noi tre proseguiamo obliquando verso destra, convinti che lo ritroveremo poco più su.

Andiamo avanti e si fa luce.

Peter non si vede ma non ci preoccupiamo più di tanto; di grande esperienza, è figlio di quell'alpinismo dell'Est capace di affrontare le montagne più difficili nelle condizioni più dure.

La parete è immensa, ci guardiamo attorno cercando i riferimenti letti nelle pagine delle relazioni, li troviamo ma qualcosa non ci torna: niente di concreto, solo una sensazione. Proseguiamo finché il canale si chiude, sbarrato dal muro di roccia dell'arco delle cime.

Come scritto nei resoconti, cerchiamo in parete il passaggio che sale obliquando a destra, verso la cima:

lo individuiamo e continuiamo a scalare. Qua e là penzolano vecchi spezzoni di corda, lasciati chissà quando dagli alpinisti; bene, vuol dire che siamo sulla via giusta.

Ma ancora c'è qualcosa che non torna, non sappiamo darle un nome ma non siamo tranquilli. Storditi dal sole accecante, alle dieci siamo ai piedi della torre rocciosa della cima; mancano poco più di cinquanta metri.

E d'improvviso capiamo: questa non è la principale, noi ci troviamo alla base della centrale.

Il quadro adesso si compone: riconosciamo la sommità più alta, talmente lontana da sembrare un'altra montagna.

È impossibile affrontare il lungo e difficile traverso per arrivare fin là; non ci sono abbastanza ore di luce e nemmeno abbiamo materiale a sufficienza per i passaggi tecnici da superare. Senza bombole d'ossigeno è impensabile anche tornare al campo e sperare di avere la forza per riprovare domani.

È finita. Non ci resta che tornare giù.

Di nuovo a un passo dalla meta.

Di nuovo il 17 maggio.

Non so perché non siamo saliti almeno in cima alla centrale, mancavano soltanto settanta metri. Forse per la delusione, non ci abbiamo neanche pensato.

Intanto Peter, che aveva azzeccato il bivio, stava salendo quella giusta.

24 maggio. Ultima giornata a scavalcare selle, fino al villaggio da Far West.

Sono stati quattro giorni di trek odiosi, con un mal di piedi e di ginocchia insopportabile. Adesso ci aspetta una notte di viaggio altrettanto schifosa: tutto un tiro fino a Bhadrapur, su questa strada devastata, con 'sto catorcio di jeep.

Che sogno cinico, non riesco nemmeno a guardare le foto; se ne ho fatte, poi, non lo ricordo neanche.

Anche Romano continua a chiedersi perché; quel pomeriggio al campo a settemila e sei, dopo aver trovato il passaggio per superare il seracco, l'aveva scalato, e sopra ci aveva piantato una bandierina come segnavia per il ritorno. Da lassù aveva studiato bene il labirinto della parete e memorizzato il percorso verso la cima.

Neanche lui riesce a spiegarsi perché, quella notte, mentre salivamo a tentoni nel buio, la via continuava a portarci verso destra.

Fa caldo, sono stanca e anche stufa. I cuochi ci avevano assicurato che saremmo partiti alle diciassette, e invece alle diciotto siamo ancora qui.

Ho comprato un pezzo di sapone e, vestita, mi sono infilata sotto la fontana pubblica del paese. Adesso stiamo aspettando la cena: che acchiappino il pollo, gli tirino il collo e lo cuociano. Tanto io non lo mangio, questi polli sono talmente duri e muscolosi da sembrare dei maratoneti e, così ruspanti, hanno un odore che mi fa vomitare.

Alle otto e mezza, col buio pesto l'autista si ricorda di dover smontare il mozzo della ruota; quando ha finito, esattamente come l'ha smontato lo rimonta.

Per qualche misterioso motivo loro la stanno tirando per le lunghe, e noi stiamo perdendo la pazienza.

Alle ventidue finalmente ci fanno salire e insieme con noi caricano un'anziana che sta male e deve essere portata all'ospedale; l'accompagnano tre parenti che si siedono dietro, uno sopra l'altro. Sul tetto sono aggrappate altre tre persone. In tutto siamo in tredici.

Dopo un'altra mezz'ora di tira e molla si parte. Facciamo duecento metri e la jeep si spegne: scendono, aprono il cofano, smanettano un po' e si rimette in moto; ancora un altro paio di chilometri e si blocca di nuovo. Andiamo avanti così per ore: si viaggia per qualche chilometro, il motore muore, scendono, pompano, puliscono il filtro e si riparte, un altro breve tratto e di nuovo fermi.

A ogni interruzione dobbiamo scendere tutti – a parte l'anziana che sta male e i tre parenti accatastati dietro – e svuotare il bagagliaio degli zaini per togliere gli attrezzi che poi i "meccanici" tornano a infilare sotto. Poco prima dell'alba comincia a diluviare, ma dopo un lunghissimo pit stop riescono a fare il miracolo.

La povera donna non ha neanche la forza di lamentarsi; arrivati al dispensario, la porta è ancora chiusa, i parenti la tirano fuori dalla jeep e la stendono sulla panchina davanti al fabbricato ad aspettare l'apertura.

A Phidim facciamo una sosta veloce per una tazza di tè e poi via dritti finché, dopo sedici ore, arriviamo a Bhadrapur, all'aeroporto.

Lungo la strada ci ha scortato una staffetta di camionette della polizia. In questa zona ancora proseguono gli scioperi e gli scontri fra governo e maoisti. Le proteste stanno dilagando in un crescendo di violenza, dal basso contro l'ingiustizia e dall'alto per contenerla. E, mentre la popolazione va avanti a sopravvivere, il governo è occupato a districare i nodi non ancora risolti: quello degli ex combattenti e quello sulla natura del federalismo, se dovrà essere basato sull'etnia o sulla geografia.

Un problema difficile in un Paese di così tante etnie e lingue e in cui, nonostante l'abolizione, le caste continuano a dividere la società, così come le discriminazioni della gente di montagna nei confronti di quella di pianura.

Arrivati a Kathmandu, prima di rientrare in Italia incontriamo Miss Hawley.

Rispondiamo alle sue domande e, quando arriviamo a quell'assurdo 17 maggio, lei esterrefatta non capisce cosa abbiamo combinato e continua a interrogarci: le sembra inspiegabile che abbiamo sbagliato cima. Sempre più sconsolati, cerchiamo di convincerla che nemmeno noi riusciamo a comprendere cosa sia successo.

Alla fine dell'intervista ci ringrazia: di tutti i resoconti raccolti in questi giorni, il nostro è il più divertente. Le abbiamo regalato mezz'ora di ilarità.

Per noi che amarezza, invece!

Se il mio libro di quest'anno è *Cecità*, qual è la profezia? Se i ciechi siamo noi, cos'è che non riusciamo ancora a vedere?

E cosa c'è di ormai morto, che deve essere ucciso?

Interludio

Dopo aver creato ogni cosa sulla Terra e nel mare e nel cielo, la Grande Madre creò i nostri progenitori dalla purezza eterna e dalle nevi sacre del Kangchendzonga; e poi li fece scendere a vivere, prosperare e diffondersi, in tutto il paese fatato che giace nel grembo della Montagna.

Questo narra la leggenda di un popolo nato ai piedi della montagna, che ancora oggi crede che:

> Khangchendzonga bagna le nostre foreste e le riempie di piante e animali.
> Esso fa fluire i fiumi dai quali noi peschiamo; ferma le nuvole e ci dà la pioggia per le nostre colture.
> Noi siamo i "Figli della cima nevosa" e dunque siamo lo spirito degli alberi nella foresta, lo spirito delle rocce e delle montagne, Noi siamo gli uccelli e siamo il fiume.
> Noi crediamo che quando moriamo, le nostre anime ritornano alla montagna da cui siamo stati creati.
> Noi proteggiamo e custodiamo ciò che esso rappre-

senta e, fino a quando Khangchendzonga si ergerà,
lo spirito della nostra gente resisterà.
Tutto nel mondo ruota in un ciclo e lo stesso è per
noi. Il cambiamento è inevitabile e anche la nostra
vita all'ombra di Khangchendzonga sta cambiando.
Come molte altre antiche culture, anche noi abbiamo dimenticato alcune delle nostre relazioni con
la Madre Creatrice ma, finché Khangchendzonga
si ergerà, esso ci ricorderà chi siamo.
Dovessimo mai dimenticarlo, tutto quello che dobbiamo fare è guardare Khangchendzonga.

Fino a quando Dio è stato *Femmina*? Quel principio femminile che in una suprema armonia generava l'universo, e lo conservava e lo distruggeva in un'eterna danza.

Quell'essenza materna che animava l'universo manifestandosi in ogni cosa, nella creatura più piccola e nella stella più grande. Tessitrice della vita che nutriva e proteggeva, che trasmetteva il sapere e infine accoglieva fra le sue braccia ciò che doveva morire per rinascere a nuova vita.

Che visione bella e consolante dell'esistenza avevano gli antenati di questi uomini.

Quarto atto

LA MONTAGNA MANTIENE LA PROMESSA

(settembre 2012 - 19 maggio 2014)

Ci vuole qualche mese per mandar giù il rospo, ma in autunno decidiamo: la prossima primavera si torna in Nepal. Avvisiamo Beni e compriamo subito il biglietto: la partenza è fissata per il 5 aprile 2013.

Da adesso in poi, ogni momento rubato al lavoro lo dedichiamo all'allenamento: scalate, camminate, corse, bici; appena arriva la neve, tiriamo fuori anche gli sci.

Di ritorno da una gita, a fine febbraio Romano avverte un doloretto. Non ce ne preoccupiamo più di tanto: c'era tantissima neve fresca e lui naturalmente è sempre stato davanti a batter traccia. Aspettiamo qualche giorno, proviamo con un po' di fisioterapia, però più il tempo passa, più il dolore aumenta. Il professionista consiglia degli accertamenti ma Romano preferisce prendere tempo, con la speranza che passi.

A marzo è fissato l'appuntamento per il solito controllo ematologico; appena entra in reparto, i medici capiscono.

«Necrosi della testa del femore» recita l'esito della risonanza. E sfuma così il nostro sogno di primavera.

Sembra destino, dopo ogni spiraglio una nuova bastonata.

Romano è stufo di ospedali e non vuole saperne di interventi; decide di provare con la terapia nella camera iperbarica. Dopo due mesi di trattamento, un'anca migliora; per l'altra non c'è più niente da fare.

Ai primi di giugno, dall'ospedale arriva un messaggio del "segaossa": «Cosa fate il 12? Protesi?».

Il 4 agosto Romano fa la prima passeggiata, il 2 settembre il primo tiro di corda in falesia.

In autunno Romano torna alla carica e mi butta lì: «Cosa ne dici dell'Annapurna? È il più basso dei tre che non abbiamo salito». Non c'è niente da fare: ha proprio voglia di partire; ha bisogno di un po' di "montagna terapia".

Ed eccomi di nuovo nel vortice dei dubbi: con tutto quello che gli è successo, in più adesso anche con la protesi! Mentre cerco di prendere tempo per capire cos'è bene fare, io ondeggio come su un'altalena, appesa a un filo teso fra l'ansia e la felicità.

Ma a fine novembre arriva l'ennesima legnata: questa volta è il fuoco di Sant'Antonio, potentissimo e resistente a ogni terapia.

Siamo ormai a gennaio e Romano continua ad aver bisogno dei farmaci per il dolore, ma testardo insiste: «Partiamo?».

Anche a me piacerebbe tornare in spedizione, e starcene finalmente per un paio di mesi allo stato brado, ma per certi versi mi sento un po' come un Sancho

Panza che, in groppa all'asino, segue Don Chisciotte nelle sue visioni.

A marzo arriva una e-mail di Jorge che chiede a Romano come va. Racconta di aver passato un lungo periodo in ospedale per guarire dalle lesioni subite quando la valanga aveva travolto lui e Martin sul Kangch, nel 2012, ma finalmente, aggiunge, adesso riesce a tenere stretta la piccozza in mano. Da molti mesi lavora in Africa, però fra qualche settimana spera di tornare a casa per ripartire subito per il Nepal. Lui e Martin vorrebbero tornare al Kangchendzonga; una spedizione piccola piccola, loro due soltanto, ma sarebbe davvero bello, dice, condividere con noi questa nuova esperienza. Partiranno l'8 aprile dalla Spagna.

Gli rispondo io, con un riassunto delle puntate precedenti, e aggiungendo che purtroppo Romano soffre ancora per la nevralgia lasciata dall'herpes e continua ad aver bisogno delle medicine.

Ma Romano non molla.

«Il dolore ce l'avrei lo stesso, anche stando a casa.»

«E con l'anca bionica come la mettiamo?»

«Vorrà dire che, in parete, salirò tenendo in bocca una fiala di cianuro, come le spie nei film di James Bond; e quando la protesi uscirà di sede, me la spaccherò fra i denti e mi sopprimerò all'istante, lì sul posto.»

Che simpatico: io mi preoccupo e lui fa lo spiritoso!

«E allora andiamo all'Annapurna, che è più basso.»

«Là non ci sarebbero Jorge e Martin.»

Almeno in questo gli devo dare ragione; perché è

bello scalare le montagne, e lo è ancora di più se lo fai con degli amici.

Martedì 22 aprile 2014. Campo base, siamo ai piedi delle sacre nevi del Kangchendzonga!

Il campo è affollato, ma per la tendina Romano e io abbiamo trovato un angolino eccezionale: un bellissimo masso perfettamente piatto a strapiombo sul ghiacciaio. Asciutto, baciato dal sole già al mattino presto e con un bel praticello attorno: cosa volere di più!

È un tantino scomodo perché per la tenda mensa e la cucina c'era posto solo sull'altro versante del costone e per raggiungerle dobbiamo scavalcare una piccola selletta, ma meglio il disagio della distanza che rinunciare alla meraviglia della nostra piazzola. I due amici spagnoli hanno montato le tende sull'altro lato del pendio, vicino alle altre.

Adesso è sera e credo di non aver mai visto una notte così piena di stelle. Dal nero profondo, un crepitio di luci ci sta piovendo addosso: grandi, piccole, brillanti, tenui, alcune lanciano lame di luce e altre pulsano pacate. E sullo sfondo un tappeto fitto di puntini luccicanti, come se una mano gigantesca li avesse seminati a manciate.

E noi due qua sotto, immersi nella grazia di questa notte dove insieme danzano Terra, luna, sole e stelle. Che bello sarebbe, se la bellezza fosse contagiosa.

Da quando abbiamo dato la spinta al primo passo verso la montagna, ho la sensazione di dover vivere ogni attimo come se fosse l'ultimo. Non so da dove viene e non so nemmeno se è un presagio.

Impossibile prevedere dove ci porterà il cammino, se qui al campo base oppure in cima; ma non c'interessa contare i metri, e nemmeno vogliamo che qualcun altro lo faccia per noi. Questo tempo sarà soltanto nostro: sarà il nostro tempo libero.

Dopo verrà il momento del racconto; adesso ci siamo solo Romano e io, di nuovo a "casa", a danzare insieme con la notte cosmica.

Sono sicura che questo ci augurava Miss Hawley, quando ci siamo incontrate il 10 aprile a Kathmandu.

L'e-mail di Jorge era stata come una finestra che si era spalancata d'improvviso verso est, dove nasce il giorno. E così siamo fuggiti via.

Abbiamo comprato al volo un biglietto, avvisato Beni e fatto scorta di antidolorifici.

«Caro Jorge, ci vediamo a Kathmandu il 9 aprile.» E siamo partiti.

Il "fuoco" non è ancora spento, Romano continua ad aver bisogno delle medicine e io frullo nel mio solito vortice di dubbi.

Mamme, sorelle, amici e dottori, quando gliel'abbiamo detto, ci hanno dato dei pazzi e forse hanno ragione, ma anche questa volta ci hanno lasciati liberi di andare. E li abbiamo anche pregati di non dirlo "in giro" perché, questo, vogliamo sia soltanto il nostro viaggio.

Come prevede il rito, Loris ci ha accompagnati all'aeroporto di Venezia e da lì siamo decollati per il lunghissimo volo che il 9 aprile ci ha recapitati a Kathmandu.

Arrivati in città, ci diamo da fare a preparare di corsa i bidoni e sbrigare le faccende perché già l'11 dobbiamo rimetterci in viaggio verso la montagna.

Prima, però, c'è l'altra importante cerimonia: l'appuntamento con Miss Hawley.

In anticipo rispetto all'ora stabilita, il 10 aprile mi aspetta seduta nella hall dell'albergo. Romano ci raggiungerà di lì a poco.

«La trovo bene» le dico contenta di rivederla. Lei ringrazia mentre cerca con lo sguardo il suo fidato autista nepalese; in questi giorni Miss Hawley ha bisogno di essere accompagnata perché, per un problema a una gamba, cammina un po' a fatica. «Dov'è andato in giro?» borbotta. Poi però ammette che il ragazzo «è proprio bravo. Perfino quasi astemio».

Lui arriva, ci salutiamo e poi la aiuta ad alzarsi perché lei vuole cambiare divano. Ci accomodiamo in un angolino più tranquillo e per prima cosa mi chiede come sta Romano. Le racconto dell'intervento all'anca che ha dovuto fare per via della necrosi e, siccome non so come si dice necrosi in inglese, ci giro in tondo spiegando che «l'osso era morto».

«Per fortuna solo l'osso» fa lei ironica.

Espletate le formalità siamo ai saluti. Lei si alza aiutata dal ragazzo che la prende affettuosamente in giro. «La sera» spiffera lui «fa sempre tardi ai party, per questo è affaticata la mattina.» Ma lei, che ci ha sentito benissimo ribatte che da tempo non li frequenta più: «Troppa confusione, non si riesce nemmeno a parlare». Sono davvero simpatici loro due insieme, un originale duetto che "convive" con umorismo.

Chissà a quanti party è stata invitata questa donna, quante persone ha incontrato e di quante storie è stata testimone.

Con il suo lavoro paziente e sapiente, per tutta la vita Elizabeth Hawley ha osservato e annotato eventi, incontri e racconti, per raccoglierne i fili e tesserli insieme in una grande storia, per custodire la memoria di un sapere che andrà tramandato alle generazioni a venire, a fondamenta del loro futuro.

Prima di congedarci Miss Hawley ci fa l'ultima raccomandazione: «Dall'ultimo campo, ricordatevi di NON girare a destra». E poi il suo augurio di cuore: «Che questa sia davvero un'esperienza bella per voi».

Se ne avessi il coraggio, l'abbraccerei.

Il giorno dopo da Kathmandu voliamo a Bhadrapur e da lì proseguiamo in jeep fino alla fine della strada, al solito paesino da Far West, dall'aria sempre più triste e confusa.

Insieme con gli spagnoli, il 13 aprile ci incamminiamo.

La temperatura è mite ma la stagione sembra "indietro": non hanno ancora trapiantato il riso e, qua e là, solo qualche rododendro è in fiore; forse ha piovuto poco.

Sul sentiero, alla fine di una ripida salita ci fermiamo a riposare. Di fianco a noi si siede un uomo che attacca subito bottone. Cicciottello e con un'aria simpatica, continua a parlarci in nepalese nonostante gli diciamo che conosciamo solo un po' d'inglese. In qualche modo ci fa la traduzione, e più o meno ci si capisce. È il maestro della scuola di Yanghpudin, l'ultimo villaggio prima della montagna e, dal suo paese d'origine in pianura, ci spiega che sta tornando su perché domani riprendono le lezioni.

Curioso, ci fa un sacco di domande: perché veniamo qui a scalare le montagne, e poi quanti soldi ci dà il nostro Paese se arriviamo in cima, che lavoro facciamo, da dove veniamo e poi la solita, immancabile: quanti figli abbiamo. Qualunque sia il Paese – Nepal, Pakistan o Xinjiang – dire la verità scatena sempre una valanga soffocante di interrogativi e allora gli rifilo la solita bugia: «Due, già grandi».

Nel pomeriggio arriviamo a Khebang, il bel villaggio al termine della prima tappa e ci fermiamo al nostro solito lodge. Il marito è al banco dell'emporio e la moglie in cucina; ci accolgono con la solita cortesia discreta.

Mentre noi ci diamo una sciacquata alla fontana pubblica lì di fronte, la signora stende a terra un tappeto, per farci sedere a riposare intanto che aspettiamo i portatori e il nostro cuoco, che questa volta è Indra.

Io scrivo e Romano legge, ci sentiamo due pascià.

Nella piccola aia di terra battuta, una madre e la figlia trebbiano l'orzo. Separano i chicchi dalla paglia e li raccolgono in sacchi; un lavoro faticoso e meticoloso per non sprecare niente, eseguito con un'economia del gesto talmente perfetta da riempirlo di grazia e armonia. Con la sapienza di un compito tramandato di madre in figlia, a patrimonio della comunità. Incantati, stiamo lì a guardarle fin quando hanno legato tutti i sacchi e spazzato l'aia.

Nel pomeriggio i due figli della coppia del lodge tornano da scuola. Maschio e femmina, hanno quindici e quattordici anni; il ragazzo è affascinato da tutto quello che è tecnologia, la ragazzina ha le idee chiare: da grande vuole fare il medico. Passiamo il tempo insieme a chiacchierare e far scorrere le foto sull'iPad: immagini di casa, di scalate sulle Alpi e delle nostre vecchie spedizioni.

Vanno a chiamare la nonna paterna per farcela conoscere. Insieme ai nipoti, anche lei si mette a guardare e, quando appaiono le immagini scattate qui nel 2009, sussulta emozionata rivolgendosi a noi a parole e a gesti per spiegarci qualcosa; continuiamo a non capire ma lei insiste e alla fine comprendiamo: l'anziano vestito di bianco con il grande quaderno era suo marito ed è morto da poco.

I due genitori sono belle persone che ti fanno sentire protetto come a casa; ogni tanto lei si avvicina con qualcosa in mano: una tazza di tè, del dut-chà o una ciotola di riso fritto. È una madre che ha cura che tutti siano nutriti.

A cena, siede vicino a guardarti mentre mangi, pronta a cogliere dall'espressione se ti piace quel che ha preparato; ogni tanto si alza a prendere barattoli di erbe misteriose in salamoia e te ne riempie il piatto per fartele assaggiare.

Il giorno dopo saliamo a Yanghpudin. Arrivati, ci dirigiamo verso il solito lodge. Appena Tshering, il proprietario, ci vede si ricorda di noi e della nostra cima sbagliata di due anni fa. E subito comincia a ridere e a prenderci in giro, e non la smette fino a sera.

Lungo il viottolo del villaggio ritroviamo il nostro maestro che ci invita a visitare la scuola: ci mostra il cortile dove la mattina, prima di entrare in aula, divisi in righe ordinate i bambini fanno gli esercizi di ginnastica, poi vediamo le aule e anche l'ufficio. Il gabinetto è nel cortile a fianco del fabbricato.

Questa è una scuola elementare: le lezioni cominciano l'indomani e durano due mesi, si interrompono durante i monsoni e riprendono in agosto.

Le materie sono cinque: lettura, scrittura, aritmetica, inglese e un'altra che non ricordo. Le classi superiori invece si trovano a "Yanghpudin bassa", trecento metri di dislivello più giù, vicino alla sede del Parco.

Il maestro continua a usare il metodo educativo che pratica coi bambini: ci parla in lingua nepalese confidando che, a furia di insistere, qualche suono in testa rimarrà fissato.

Per stuzzicarmi fa finta di offrirmi una sigaretta, e mi ricorda che ieri gli ho rivelato quante ne fumo al giorno. «Sulla montagna non più di tre o quattro» si raccomanda col ditino alzato; lui confessa di aver smesso di fumare e bere dopo una gioventù di eccessi. Scopriamo anche di essere coetanei, ma i suoi capelli sono nerissimi e il viso è senza rughe.

Tornati al lodge, Romano sale in camera a prendere un sacchetto di biro che ha portato in dono per i bambini e glielo porge. Più veloce di un gatto, Tshering glielo sfila di mano offrendosi di custodirlo fino a domani, all'apertura dell'"anno scolastico"; ancora più svelto il maestro se lo riprende e scappa via, a metterlo sotto chiave in ufficio. Evidentemente non si fida troppo di questo montanaro.

Come ogni pomeriggio ai campi, Jorge apre il suo ambulatorio "itinerante" per gli abitanti dei villaggi e i portatori. Sotto la tettoia dietro casa lo assisto nelle visite.

A un portatore steso sopra un mucchio di borse e bidoni serve un'iniezione ma, terrorizzato, è duro come un ciocco di legno; raccolti a cerchio tutt'intorno, i suoi colleghi si sbellicano dalle risate. Un uomo si avvicina con in braccio un bimbo pallido e spento; Jorge lo visita e gli dà le medicine, non una pastiglia più del necessario perché, mi spiega, altrimenti le mandano giù con leggerezza, come caramelle. Un altro piccolo ha grandi chiazze sulla schiena: prima di spalmargli la crema, Jorge porge alla nonna un pezzo di sapone e le dice di lavarlo e asciugarlo bene. In realtà bastava quello.

Gli chiedo se questi bambini hanno difese superiori alle nostre. «In parte sì» mi risponde, «ma appena prendono qualcosa semplicemente muoiono.»

Col suo lavoro in Africa e in Sudamerica, da oltre vent'anni Jorge non dorme in un letto più di cento giorni l'anno e, quando torna a casa, gli ci vuole tempo per riabituarsi.

Racconta che in Spagna, nella clinica in cui lavora quando non è all'estero, si occupa degli anziani perché è contento di aiutarli a riacquistare almeno un po' di mobilità e così, di autonomia. A volte, aggiunge, basta solo parlarci un po' insieme perché si sentano meglio. Nelle società africane dice che è diverso: là il vecchio non è un peso perché la sua esperienza lo rende una ricchezza per la comunità.

Chissà quanto più solida sarebbe la nostra società se, invece di escludere, separare e sottomettere, si fondasse sulla relazione intrecciata dal valore dell'accoglienza, del dono e della cura. Se ciascuno di noi si sentisse "parte" e responsabile con la propria vita quotidiana, alla costruzione del futuro. Perché, alla fine della fiera, o si perde o si vince tutti insieme, e non esiste innocenza se si rinuncia alla responsabilità.

Anche Martin si occupa delle persone nei guai perché lui di mestiere fa il *bombero*, cioè il pompiere; dice che possiamo stare tranquilli: dovesse scoppiare un incendio, questa casa è salva.

Loro parlano spagnolo e noi italiano, quando proprio non ci si capisce si usa l'inglese.

Da qui in poi il trek va avanti a elastico: un giorno di cammino e due di sosta, ancora una tappa e altri due fermi ad aspettare i portatori, la solita squadra di uomini forti che ci accompagnerà al campo base e che in questi giorni sta facendo la spola per gli altri gruppi sulla montagna.

I due spagnoli hanno sentito che, per carenza di portatori, le spedizioni al Makalu sono ferme da sei giorni al villaggio di Nun. I giovani non vogliono più fare questo lavoro saltuario e logorante e cercano altre strade per migliorare la loro vita; una volta l'alternativa erano le fabbriche del Terai, nel sudest del Paese, ma anche qui la crisi ha ridotto i posti di lavoro. Molti allora, appena riescono a racimolare un po' di soldi per i visti e il viaggio, emigrano in cerca di un futuro nei Paesi del Golfo e in Malesia.

Il problema è che nemmeno là è facile per le migliaia e migliaia di nepalesi costrette a lavorare quasi al limite della schiavitù, nella costruzione di grattacieli, hotel e piste da sci in mezzo al deserto.

Nei primi giorni di trek, la parte facile di bassa quota, a trasportare i nostri bagagli erano quattro ragazzini – due maschi e due femmine – originari di Taplejung, il capoluogo della zona. Le sere ai campi chiacchieravamo insieme; studenti di seconda superiore, i quattro amici ci hanno spiegato di essersi offerti per questo lavoro faticoso per guadagnare qualche soldo.

A guardare le ragazzine trasportare carichi che a malapena riuscivo a sollevare, io mi vergognavo; non per la mia manifesta inferiorità, se fossi nata qui anch'io avrei dovuto abituarmi a questa vita faticosa, ma perché sulle loro spalle reggevano il mio carico così sproporzionato rispetto al loro.

Arrivate ai campi, nei pomeriggi si lavavano i vestiti bagnati di sudore, si pettinavano e acconciavano l'una all'altra i lunghi capelli neri e, mentre i maschi tiravano calci a un pallone improvvisato di stracci, loro giocavano a campana o a saltare alla corda. Le sere ai lodge, nelle stanzette separate da sottili fogli di lamiera, li sentivamo ridere e chiacchierare fino a tarda notte.

Però a pensarci: due ragazzine sole, senza nemmeno un familiare ad accompagnarle e tenerle d'occhio; vuol dire che i tempi stanno cambiando velocemente anche qui.

Campo base: oggi è giovedì 24 aprile e il sole splende; i cuochi stanno preparando l'altare per la puja e noi lo zaino.

Ieri abbiamo finito di sistemare "casa" e oggi avremmo voluto cominciare a salire ma, quando glielo abbiamo detto, quelli ci hanno risposto subito di no: prima la puja, poi la scalata. E non oggi, che non è giorno propizio: domattina presto, prima di partire.

Indra è il cuoco e Bahadur è il suo aiutante. Indra lo conosciamo dal 2006 e insieme ne abbiamo passate davvero tante, momenti allegri e altri difficili e l'amicizia che ci lega è schietta, senza convenevoli. Bhadur lo incontriamo per la prima volta e sembra un ragazzo svelto e di poche parole.

Sussurrato come un avvertimento, ci viene preannunciato che presto riceveremo la visita di una rappresentanza di sherpa, per riscuotere la quota per le corde fisse. Pare che vogliano trecento dollari a testa.

Noi siamo gli ultimi ad arrivare e gli sherpa delle spedizioni che sono qui dai primi di aprile hanno già attrezzato fino al Great Shelf. Il lavoro l'ha fatto il gruppo dello spagnolo Carlos Soria, che però non chiede niente in cambio; i soldi li vogliono gli sherpa di un'altra spedizione, quella che ha il compito di fissarle da lì fino alla cima.

Nella penombra gelida del mattino, il 25 aprile celebriamo una rapida puja e subito partiamo per salire a fare un deposito in parete. Romano e io arriviamo a seimila e due, Jorge e Martin un po' più sotto, all'ingresso del grande plateau a seimila metri, vicino alle altre spedizioni.

Lungo la parete c'è il solito viavai; ai piedi di un seracco, mentre sono ferma ad aspettare il turno si avvicina un giovane sherpa. Vorrebbe farmi i complimenti ma, imbarazzato, non trova le parole; alla fine si illumina in viso ed esclama: «Sei forte. Come mia madre!».

Sarò anche tosta come una *sherpani*, ma che fatica: senza acclimatamento, fare tutto un tiro dal campo base fino a sei e due. E che mal di testa dopo! Ma come dice Romano, l'importante è essere più veloci dell'edema.

Dopo la sgambettata ci prendiamo un giorno di riposo.

Mentre noi siamo affaccendati nei mestieri di casa, i cuochi montano la tenda doccia proprio vicino al nostro "belvedere". Appena finiscono il lavoro, Indra ci propone: «Avvisatemi se volete dell'acqua calda». Cosa avrà voluto dire, che è ora di lavarsi?

Mi ha convinta: faccio un po' di bucato, una doccia sommaria e, prima che il cielo si rannuvoli, metto all'aria i materassi e i sacchi a pelo; inumiditi dalla notte, schiacciati fra il gelo del terreno e il caldo del corpo, se non vuoi dormire male, appena possibile devi farli asciugare.

Andiamo a fare un giro alla tenda mensa sull'altro lato del costone; al loro campo anche Martin fa il bucato.

A parte la brutta esperienza del 2012, non abbiamo mai fatto una spedizione assieme. Anche loro scalano leggeri, senza ossigeno e con il campo in spalla, ma ciascuno di noi ha i suoi ritmi e i suoi programmi e, senza condizionarci, preferiamo salire in cordate autonome.

In cima sì, se tutto andasse bene, ci piacerebbe arrivare insieme.

Per Jorge sarebbe il quattordicesimo ottomila. Un cammino iniziato per caso il suo, e proseguito per realizzare il sogno di un amico che non c'è più. Per Martin credo sarebbe il nono; non ne sono certa, d'altra parte non ci siamo presentati esibendo le patacche.

Romano e io col Kangch arriveremmo a dodici. Ma proprio non ci penso alla cima: non mi preoccupo se saremo ancora in grado di salire a ottomila metri, e nemmeno mi domando perché siamo qui.

I miei obiettivi essenziali sono: aver cura di Romano e di me stessa e quindi esser pronti a una fuga senza vergogna, casomai lassù dovesse buttar male.

Il resto della giornata lo passiamo a trattare con la cricca venuta a riscuotere i soldi delle corde; non gli incaricati di un capo spedizione ma, di loro iniziativa, un gruppetto sparuto di sherpa riunito attorno a uno di loro. Sapendo di essere ormai indispensabili per gli alpinisti, può succedere che qualcuno voglia "fare business" – come dicono loro – e ricavare un gruzzoletto extra per integrare lo stipendio. In fin dei conti, glielo abbiamo insegnato noi occidentali che tutto ruota intorno ai soldi. Però la cifra è esagerata; con un'estenuante trattativa scendiamo a cento dollari a testa e paghiamo.

Quota sei e due, nostro campo 1. Ore sei del mattino del 30 aprile.

La luce del giorno filtra attraverso il telo della tenda. Arrotolati dentro i sacchi a pelo, siamo svegli da un po' ma il sole è ancora lontano e ci concediamo un'altra mezz'oretta di tepore. Da fuori arriva lo scricchiolio di ramponi sulla neve: sono due sherpa, li sentiamo parlottare fitto mentre transitano davanti al nostro campo. Dopo qualche altro minuto a inventarci scuse, dobbiamo farci coraggio e cominciare a preparare la colazione.

Questa è la seconda volta che dormiamo quassù, la prima, due giorni fa, non era stata una gran notte. Il pomeriggio del 27 aprile, appena arrivati qui era scoppiato il temporale; un fracasso di fulmini, vento e neve che si era quietato solo a notte fonda. Nella tenda tappata dalla condensa, infreddoliti e con tanta fame d'aria avevamo passato le ore a girarci e rigirarci, aspettando che tornasse il giorno. Senza perder tempo in chiacchiere, l'indomani avevamo sistemato tutto, chiusa bene la tenda e, di corsa, eravamo scesi al base.

Anche ieri pomeriggio nevicava, ma per fortuna dopo poche ore ha smesso e stanotte abbiamo respirato molto meglio. Dal campo base eravamo partiti la mattina presto. Dopo colazione, mentre caricavamo gli zaini, Indra aveva acceso il fuoco all'altare della puja e poi ci aveva tenuti d'occhio fino al grande masso dove si usa lasciare l'attrezzatura per la salita: sbagliamo sempre l'imbocco del "sentiero" e ogni volta lui ci corregge con un fischio.

Meteo e temperatura perfetti, eravamo saliti fin qui senza troppa fatica.

Con la nostra tendina noi due siamo soli quassù, al riparo di un piccolo seracco, su uno stretto gradino ricavato nel ghiaccio del pendio.

Mentre nel pentolino si scalda l'acqua per il caffè, dalla porta aperta guardiamo fuori; coi loro grandi zaini, vediamo i due sherpa transitati un'ora fa salire a passi lenti verso il grande seracco a sei e sei. Sotto di noi si apre il circo del plateau e, in fondo, dal bianco della neve si stagliano brillanti i colori delle tende; così lontane, somigliano a un mucchio disordinato di scodelle rovesciate. Sembra deserto; a parte i due sherpa, nessun altro da lì si è incamminato.

Alle sette cominciamo a salire; quaggiù siamo ancora nell'ombra, più in alto i raggi del sole che si alza tagliano i pendii con la luce gelida di una lama.

Gli zaini non sono pesantissimi, li avevamo preparati ieri sera così da non perder tempo adesso. Nel mio ci sono viveri e gas; Romano, con un paio di chili in più, ha dentro tenda, fornello e pentolino; rispetto ai carichi di due anni fa, a portare in giro solo la nostra roba ci sentiamo dei signori.

Quando esci dalla tenda la mattina, sei ancora avvolto dal calore del sacco a pelo, ma basta appena qualche passo e l'incantesimo svanisce e, per primi, piedi e mani cominciano a perdere la sensibilità. Oggi poi fa veramente freddo; nonostante il passamontagna, a respirare si gelano perfino i polmoni e ogni tanto dobbiamo fermarci e dondolare braccia e gambe per far scorrere il sangue.

Sotto il grande seracco a seimila e sei, appoggiati ai grandi zaini troviamo i due sherpa seduti a riposare.

Ci fermiamo a chiacchierare, a parlare un po' del freddo, della neve e dei seracchi; poi passiamo avanti noi.

Romano naturalmente va da primo a batter traccia e tirar fuori le corde sommerse dalla neve, un lavoro faticoso. Ne è caduta parecchia e le condizioni non sono molto belle: a tratti è soffice come farina e a tratti crosta. Ogni tanto provo a dargli il cambio, ma dopo appena pochi metri mi rimanda dietro perché sono troppo lenta dice, e gli "vien nervoso".

Per fortuna la via è facile rispetto a due anni fa: pochi i crepacci aperti e i seracchi sono di neve dura, non di ghiaccio verde strapiombante come allora.

Un passo dopo l'altro saliamo incontro al sole che, in cammino verso lo zenit, si riversa sulla montagna in un fiume abbagliante. Annullate le sfumature, le forme e i colori sono netti; questa è una luce limpida che non dà adito a dubbi, e i nostri gesti, lucidi e senza esitazioni, gli si accordano perfettamente: a ogni colpo di piccozza e di ramponi corrisponde, precisa e misurata, una spinta e una trazione.

A piombo sotto i nostri piedi, duemila metri più giù scorrono le onde del fiume di ghiaccio che scende lento verso valle; a guardarle da quassù somigliano piuttosto a delle rughe, come fossero le grinze sulla pelle di questa montagna, vecchia di milioni di anni.

Da un ripido salto del pendio vediamo spuntare la figura di qualcuno che scende, è uno sherpa; terminato il suo lavoro, sta rientrando al base a recuperare le forze per la prossima salita.

Sopra, il pendio digrada in un ampio pianoro circondato di seracchi dalle forme capricciose, ammucchiati l'uno all'altro alla rinfusa. Siamo a quota seimila e otto e le spedizioni hanno installato qui il campo 2. Noi non ci fermiamo, la nostra tenda la vogliamo montare come sempre sul Great Shelf, a settemila e due.

Il cielo adesso è nero di sole, ma il freddo continua a mordere.

Romano mi fa passare avanti e un po' mi preoccupo. Che non si senta bene? Se glielo chiedo mi manda al diavolo e allora cerco di leggerglielo in faccia. Non vedo smorfie di dolore e anche l'andatura è la solita, quella sua camminata ciondolante ma efficace come un fulmine. Forse è soltanto perché con lo zaino più leggero sono meno affaticata, e per di più lui, con tutte le magagne degli ultimi mesi, si è anche allenato poco.

Nel primo pomeriggio sbuchiamo a sette e due sul Grande Ripiano: ce l'abbiamo fatta.

Scarichiamo il materiale dallo zaino e lo mettiamo in un sacco, lo ancoriamo, lo segnaliamo col bastone di bambù e il nastro colorato in cima e subito scendiamo verso il campo base.

Non ci siamo nemmeno accorti delle nebbie che ora corrono lungo le pareti. Un sipario grigio di nuvole sta già chiudendo il cielo.

Quando torni giù dalle salite, il campo appare piccolo in lontananza. Poi sempre più grande ti viene incontro, come un porto alla fine di un viaggio. Dopo appena un paio di giorni in parete, rientrare al campo base è come tornare a casa, il rifugio sicuro che ti accoglie e garantisce il tuo riposo.

Mi domando come fanno Indra e Bahadur a sapere quando arriviamo: ogni volta che scendiamo dalla montagna, dietro l'ultimo tornante prima del campo, li troviamo seduti ad aspettarci con una brocca di succo e due tazze in mano. Eppure non abbiamo radio per avvisarli, e nemmeno loro hanno un binocolo per poterci riconoscere da qua sotto, mentre scendiamo lungo la parete. Non importa se siamo ad appena qualche minuto dalle tende, per contratto di lavoro non possono spingersi più in su del campo base. È la tenerezza del gesto che ti tocca, la cura di qualcuno per qualcun altro.

Ancora mi accompagna quella strana sensazione che mi sussurra di vivere ogni attimo, come se fosse l'ultimo. Non so se devo preoccuparmi: sarà un buono o un cattivo presagio?

Dal 1° maggio le previsioni annunciano una perturbazione lunga una settimana.

Giorni e notti passano uguali. Romano aggiusta qualcosa, io spalo la neve e sbrigo i lavori di casa. Ogni tanto andiamo a far due passi per sgranchirci e per il resto leggiamo, scriviamo e stiamo così, a lasciar scorrere il tempo fra le dita, fino a sfiorare il culmine del niente.

Tesa sopra il nostro belvedere si srotola una fila lunga di bandiere di preghiera.

I rettangoli di stoffa colorata sventolano nell'arco del cielo: a volte corrono tesi quando le nuvole si addensano cupe prima della tempesta, oppure pendono rigidi e silenziosi dopo una notte di neve, o dondolano al soffio delicato, quando il primo raggio di sole riesce a forare il muro grigio delle nubi e brilla sulle gocce d'acqua appese ai lembi sfilacciati della stoffa.

Lontani dall'impazienza che logora, questo tempo non è una sospensione fra una salita e l'altra, perché liberi dal superfluo ce ne stiamo ad ascoltare la montagna, in attesa di ciò che deve accadere.

A dire il vero, ogni tanto mi piacerebbe far due chiacchiere con Romano e sentirlo pronunciare un discorso lungo almeno una ventina di parole, ma se glielo chiedessi so già cosa mi risponderebbe: che non pensa a niente e quindi non ha niente da dire.

Dopo trent'anni di vita insieme, ormai ho imparato ad ascoltare i suoi silenzi e ad apprezzare la forza di questa nostra intesa fatta di poche parole nude.

Noi due non scaliamo le montagne solo per passione alpinistica, ma anche per portare lassù questa nostra alleanza. E per strada si litiga pure, per gli stessi motivi per cui ci rimbecchiamo a casa, ma non oltre i settemila perché più su l'ossigeno scarseggia e non va sprecato in baruffe.

È un'intesa che mi dà coraggio e fa da combustibile all'energia che mi spinge anche quando lo sforzo del passo si fa brutale, o quando Romano mi stacca e va avanti da solo, e a me non resta che seguire le sue tracce. E non mi sento abbandonata, semmai preceduta da lui, così capace di decifrare la scrittura della montagna e di fiutare la via per dare alla salita la linea più economica. La più pura.

La nostra è un'unione forgiata nelle bufere e nell'ipossia dell'alta quota, fatta di silenzi e di gesti condivisi, e di una fiducia smisurata che non ha bisogno di parole: ognuno certo di volere il bene dell'altro, quanto il proprio.

So che ce la farebbe anche da solo. L'ho visto limpido sul K2, il nostro "K in 2", quando guardandolo salire ho sentito che avrebbe potuto scalarlo perfino in solitaria; ma lui dice che con me è più bello e, anche se succede che per un po' non ci vediamo, sappiamo di essere insieme e che fra poco ci ritroveremo. Siamo due solitudini unite in coppia verso la cima.

Il villaggio del campo base è abitato da una trentina di alpinisti, il doppio di sherpa e un numero imprecisato di cuochi e *kitchen boys*, ma a parte le chiacchiere con gli spagnoli e i nepalesi, noi facciamo vita ritirata. Probabilmente passiamo per scorbutici. Jorge e Martin sono un tantino più socievoli, ma anche loro apprezzano il silenzio. Nei giorni di campo base ci troviamo per il piacere di stare assieme e non si parla di montagna: quella la viviamo allo stesso modo e non serve spiegarselo.

Con lo sguardo puntato alla cima, quasi tutti qui riempiono il tempo vuoto studiando strategie e tenendosi in contatto con il mondo attraverso internet, social network, telefoni.

Noi non dobbiamo fare report e neanche interviste; il nostro legame con la civiltà dura appena qualche minuto, giusto per chiamare casa, dire che stiamo bene e sapere come va là.

Mi sono sempre sentita in colpa per le mie lunghe assenze, per il tempo in cui non c'ero a fare la mia parte; e anche infinitamente grata dell'amore che ci donano, capace di lasciarci seguire la nostra strada senza rimproverarci per tutti questi anni di paura, là, a logorarsi d'ansia.

Oggi è il 7 maggio e finalmente il cielo si è riaperto.

Alle 7,30 Bahadur è venuto alla nostra tenda a

portarci da bere, come sempre a mezzogiorno e alle cinque del pomeriggio, con la neve o con il sole. Ci fa sentire vergognosamente colonialisti, ma è così bello quando "bussa alla porta" e dice: «*Mummy, dut-chà*», tè col latte per me e nero per Romano. Ogni tanto c'è anche un piattino di biscotti, sistemati con ordine su un tovagliolo di carta ritagliato a mo' di merletto.

Sono bravi i nostri cuochi, capaci di preparare pizze e torte senza avere il forno, e talmente ben organizzati che, anche in posti così lontani dal mondo, riescono a far salire dai villaggi carne, uova e verdure fresche.

Per ogni pasto ci preparano quattro o cinque portate e niente va sprecato: con la fame selvaggia che si ha di ritorno dalla montagna, il buon cibo è la cura più efficace per rimediare i danni della quota.

Ieri Romano è andato a fare un giro al nostro campo 1, a portare su un po' di viveri e dare una sistemata alla tenda, spossata dopo una settimana di nevicate. Partito alle sette, alle tredici era già di ritorno al campo base: sorprendente.

In questo periodo siamo tutti un po' acciaccati, gli alpinisti e anche i nepalesi: col fiatone dopo appena due passi, qualcuno con un po' di mal di testa, altri un accenno di mal di gola.

Io da qualche giorno sono scassata dalla tosse; il dottor Jorge mi ha suggerito di respirare con la bocca tappata da una sciarpa, anche di notte, e mi ha prescritto tre compresse di antibiotico per "pulire" le vie aeree ed essere a posto per il bivacco sul Great Shelf che abbiamo in programma appena il tempo si aggiusta.

Per questo ieri non sono salita con Romano e sono rimasta in tenda a curarmi e, con l'occasione, a preparare il materiale per la prossima salita.

Siamo arrivati qui il 22 aprile e in nove giorni abbiamo toccato i settemila metri; adesso ci manca di passare un paio di notti sul Great Shelf a completare l'acclimatamento e poi saremo pronti per provare a salire più su.

Ieri, mentre aspettavo Romano seduta fuori dalla tenda, un giovane sherpa mi girava attorno come un falchetto; dopo un po' ha preso coraggio e si è avvicinato a far due chiacchiere.

Si è seduto sul praticello del nostro "belvedere" e mi ha raccontato che si chiama Lagkpa, che è il secondo di cinque figli – due maschi e tre femmine – e che vive a Kathmandu dove sua madre gestisce un ristorante. Come tutti i nepalesi qui, mi chiama "*Mummy*". Mi ha rivelato che il giorno per la cima sarà il 14, perché coincide con una festa religiosa e il tempo è sempre bello. È fiero del suo lavoro di sherpa e mi ha spiegato la strategia che useranno loro per salire in cima. Non gliel'ho detto, ma gli auguro di cuore che col suo lavoro non debba mai imbattersi in clienti che nella paga vogliano includere anche il rischio della sua vita.

Gli ho regalato del collirio, qualche dolcetto e un blister di aspirine; geneticamente, sherpa e tibetani sono le "razze" più adattate all'ipossia dell'alta quota, ma quassù, un po' di mal di testa ogni tanto viene anche a loro.

Appena è arrivato Romano, ha salutato ed è scappato via.

Adesso siamo in tenda ad ascoltare un po' di musica e di radio o, meglio, i podcast che Romano ha scaricato prima di partire; come fossimo a casa: la mattina *Il ruggito del coniglio* e il pomeriggio *Caterpillar*. Sembrano passati secoli dalle spedizioni dei nostri inizi, come quelle al versante nord del Karakorum negli anni Novanta, dove per più di due mesi abbiamo vissuto senza telefono né altri mezzi di comunicazione; in quell'isola di vuoto umano, solo le voci lontane portate dalle onde corte di una radio ci informavano che il mondo, fuori, esisteva ancora.

Queste notti di maltempo sono state faticose, perché i fiocchi pesanti tappavano i pori della tenda e quel poco ossigeno rimasto bisognava dividerselo.

Sopra di noi per ora il cielo è sereno e appena i raggi sfiorano il terreno sciolgono in un lampo il velo di neve della notte; in fondo alla valle però, sono già riapparse le nuvole che stanno salendo di corsa. Fra un paio di giorni la perturbazione sarà passata e tornerà il tempo buono per ricominciare la scalata.

Questa mattina prestissimo, prima che Bahadur ci portasse il tè, al campo sopra il nostro, un gruppo di sherpa era schierato sull'attenti come un plotone, ad ascoltare l'ordine del giorno di un capo spedizione; adesso in sei stanno salendo.

Sulla montagna continua a soffiare vento forte;

forse fino ai settemila e cinque si può arrivare, oltre sicuramente no.

Andiamo alla tenda mensa a bere qualcosa e là ci si avvicina un altro sherpa in vena di chiacchiere; si parla di cime e di clienti, di bombole d'ossigeno e di sherpa... discorsi d'alpinismo d'oggi.

Romano dice che piuttosto dell'ossigeno lui preferirebbe l'aiuto di uno sherpa. «Vuoi mettere: salire con lo zaino leggero, senza dover batter traccia, trasportare, fissare corde, fare e rifare la piazzola, sciogliere la neve... sai che risparmio di energia!?» Ogni tanto arrivi alla fine che sei talmente spremuto da non averne più per tentare la cima.

Il 9 maggio partiamo alla solita ora, diretti alla nostra tenda a sei e due. Va tutto bene, la salita è tranquilla. Appena arriviamo, diamo una sistemata al pavimento e agli ancoraggi e poi riempiamo il sacco con la neve. Seduti fuori al sole mangiamo un sacchetto di pop-corn e del *chapati* col formaggio e ci beviamo anche una Coca-Cola.

Poi il vento comincia ad alzarsi e scappiamo dentro; mentre sciogliamo pentolini e pentolini di neve, guardiamo Jorge e Martin che, piegati controvento, salgono verso il loro campo a seimila e otto.

Lagkpa invece ha rinunciato e, ancorato il suo carico alle corde fisse, se ne sta tornando alle tende nel plateau, al loro campo 1; altri suoi colleghi l'hanno già fatto: sopra di noi, qua e là vediamo penzolare i loro grandi zaini.

La notte poi è nervosetta, per via della Coca-Cola o forse per il tè delle cinque.

La mattina seguente ci svegliamo presto; ricominciamo a sciogliere neve e cerchiamo di bere il più possibile. È un lavoro lungo e noioso: mucchi di neve e cartucce di gas per ricavare appena qualche litro d'acqua, per cercare di fluidificare il sangue che l'alta quota rende denso come melassa. I fisiologi dicono che ce ne vorrebbero almeno quattro litri al giorno; quando riusciamo a berne due, siamo contenti.

Dal loro campo 1, gli sherpa hanno attraversato il plateau e cominciato la salita; quando passano davanti alla nostra tenda, si fermano a salutare.

Dopo colazione ci incamminiamo; il cielo è sereno, non fa troppo freddo e il vento è appena un soffio.

Al grande seracco a sei e sei troviamo gli sherpa seduti a riposare; una breve sosta per offrire qualche caramella e passiamo avanti noi.

Il campo a seimila e otto è deserto. Proseguiamo.

Dal plateau del Great Shelf vediamo spuntare Jorge e Martin. Sono saliti a fare un giro di acclimatamento ma dicono che lassù c'è tanto vento e si gela di freddo. Loro adesso scendono, li salutiamo dandoci l'arrivederci al campo base.

E in effetti appena sbuchiamo sul pianoro atterriamo su un altro pianeta: la temperatura precipita di colpo e le raffiche ci strattonano di qua e di là. Per fortuna il vento ha risparmiato il nostro deposito; lo prendiamo su e ci mettiamo alla ricerca di un posto dove installare il campo; l'angolino più riparato lo troviamo poco sotto, vicino a un crepaccetto che taglia di sbieco il pendio.

Il problema adesso è montare la tenda senza che il vento ce ne rubi qualche pezzo; dovesse riuscire a portarci via il telo, o anche solo un paletto, non potremmo far altro che scappare veloci, perché qui senza un riparo è impossibile resistere.

Spianata una piazzola e steso sopra il telo, io mi ci infilo dentro per tenerlo aperto e bloccato a terra. Le raffiche continuano a strattonare, mentre fuori Romano assembla i pali al telo e ancora la tenda al pendio.

Dopo un bel po' mi passa gli zaini da sistemare all'interno e finalmente entra anche lui, imbiancato e intirizzito. La piazzola ci è venuta un po' corta ma pazienza, la sistemeremo la prossima volta; ripuliamo il pavimento dalla neve che si è infilata e ci prepariamo per il bivacco.

Sono le 18,30 e al campo base è già notte; quassù Romano e io siamo ancora avvolti dal sole che tramonta e, scivolando sulle cime, le infiamma di colore. Può sembrare un paradosso detto da qua, con nient'altro che un telo di nylon a proteggerci dal vento e dalla corazza gelida della neve, ma a noi basta la dolcezza di questa luce a scaldarci della gioia pacata di essere qui.

La notte poi nessuno dorme: non dorme il vento che fuori continua a sbattere e a sbuffare e neanche noi, tenuti svegli dal suo fracasso. Ma non è cattivo, è solo insonne, non come il vento della paura al Makalu.

Era il febbraio del 2008 e, come dei naufraghi ostinati, dai primi di gennaio eravamo lì, aggrappati alla speranza che la smettesse un attimo per lasciarci salire.

Per un mese le raffiche ci avevano sbattuti qua e là tanto che, per stare in piedi, bisognava puntarsi controvento; e faceva talmente freddo che perfino dentro la tenda era tutto coperto da uno strato di ghiaccio. La notte non si dormiva; in silenzio ascoltavamo il rombo che dalla cima precipitava giù per la parete, e col fiato sospeso aspettavamo il momento in cui ci avrebbe investiti. A volte mi veniva voglia di urlare, e urlare più forte del vento per provare a zittirlo.

Poi si era scatenato in un crescendo furioso finché una raffica fortissima ci aveva distrutto il campo e portato via tutto: tende, viveri, attrezzatura. Mentre scappavamo per salvarci la vita, ecco l'ennesimo disastro: l'ultima raffica, lo scarpone perde aderenza sulla ghiaia, scivola fra due blocchi e io cado, con il corpo che si torce sul piede incastrato. Il vento continuava a urlare mentre, secco, avevo sentito il rumore dell'osso che si spezzava.

Ora so che quello era stato il primo segno che la montagna mi aveva dato; il primo segno che avevo fatto finta di non vedere.

L'alba sul Great Shelf ci trova svegli ad aspettare: Romano e io abbiamo deciso che se il vento cala proseguiamo, altrimenti ci fermiamo qui, per fare almeno un po' di acclimatamento.

A mezzogiorno ancora non molla; meglio tornare giù. Smontiamo la tenda, la impacchettiamo come una grossa salsiccia e l'ancoriamo bene al pendio.

Appena smontiamo dal Great Shelf, rientriamo sulla Terra: il vento continua a soffiare ma la temperatura sembra quasi mite.

In giro non si vede nessuno. Per gli alpinisti che saliranno con le bombole non c'è ragione di consumarsi a salire fin quassù; adesso devono soltanto stare al campo base ad aspettare che si apra la finestra di bel tempo per la vetta.

Oggi non ci sono neanche sherpa al lavoro: il vento di questi giorni è troppo forte, anche per loro, per poter andare avanti ad attrezzare la via verso la cima.

Risalire i cento metri di roccette che dal plateau portano alla sella è sempre più faticoso. Mi domando quanto sarebbero duri di ritorno, sfiniti, dalla cima.

Dietro l'ultima curva prima del campo base, ecco Bahadur, seduto ad aspettarci con la brocca di bibita in mano.

«Ottimo... Lo sai, vero, che per colpa tua rischiamo di non riuscire a fare la piazzola?! Da quant'è che vai in montagna?! Te l'avevo detto di controllare se fuori era tutto a posto.»

Intanto che Romano va avanti con la predica, tolgo dallo zaino la piccozza e comincio a scavare nel ghiaccio, confidando che l'ipossia della quota lo convinca a tagliar corto; in fin dei conti siamo a settemila e sei, e il fiato è meglio tenerlo da conto.

Ha ragione lui ma non posso ammetterlo: stanotte sul Great Shelf il vento soffiava forte e, quando siamo usciti dalla tenda la mattina, la pala era sparita. Protetta sottovento, ieri l'avevo piantata bene a fondo nel pendio, ma evidentemente non abbastanza perché oggi non c'era più. Prima di smontare il campo e riprendere a salire, l'ho cercata a lungo sul pianoro ma inutilmente; chissà dov'è volata.

Bene, finalmente Romano ha smesso di ciarlare e anche lui ha cominciato a *piccozzare*.

Oggi è il 16 maggio e siamo dentro la pancia del seracco a settemila e sei, l'ultimo bivacco prima della cima.

Le previsioni erano state a lungo indecise, ma alla fine avevano proclamato che il giorno buono per la vetta sarebbe stato il 17: l'unico in cui il vento dovrebbe quietarsi per poi tornare a crescere già quello successivo.

Ancora una volta, il 14 era cominciato l'esodo dal campo base e i gruppi si erano incamminati per acchiappare la breve finestra prevista, per la terza volta, il 17 maggio.

Jorge e Martin erano partiti il giorno dopo perché hanno fatto tutto un tiro fino al campo a seimila e otto. Noi due, per non sforzarci troppo, avevamo preferito fare una notte alla tenda a sei e due. «Appuntamento per il 16 maggio dentro il seracco a sette e sei, così la notte partiamo insieme verso la cima» ci eravamo accordati al campo base.

Dopo una ricca colazione e il rituale giro propiziatorio attorno all'altare della puja, Romano e io avevamo lasciato il campo base il 14 maggio, come al solito alle sette di mattina.

Prima di girare l'angolo, ci eravamo voltati per dare un'ultima occhiata al campo e avevamo visto Indra che correva verso la nostra tenda per salutarci e benedirci. Da lontano gli avevamo fatto un cenno ma evidentemente non ci aveva visti.

Il cielo era pulito e il vento appena un alito.

Il primo contrafforte fino alla sella l'avevo scalato con fatica, consolandomi al pensiero che era l'ultima volta che l'avrei percorso all'insù.

Al campo nel plateau, ci eravamo fermati a salutare Carlos Soria e il suo gruppo, saliti dal base il giorno prima per avere almeno qualche ora libera da report e interviste, e riuscire a ritagliarsi quell'attimo prezioso per liberare la mente. Affettuosi come sempre, ci avevano offerto uno spuntino con *hamon*, pane secco e una tazza di tè.

La conca rifletteva il sole come un forno: il caldo inchiodava le gambe e la neve pesante si incollava ai ramponi formando uno zoccolo sempre più alto; ogni pochi passi, con un colpo di piccozza bisognava staccarlo per liberare le punte dei ramponi.

Senza fretta avevamo raggiunto la nostra tendina, sistemato gli ancoraggi, raccolto un sacco di neve e poi ci eravamo riposati e avevamo mangiato e bevuto in abbondanza.

L'indomani, già alle sei avevano iniziato a transitare davanti alla tenda gruppetti di sherpa e alpinisti che salivano alla spicciolata; uno di loro era già sotto ossigeno.

Anche noi ci eravamo ripromessi di partire presto

ma i preparativi erano stati lunghissimi e solo verso le otto eravamo riusciti a saltar fuori.

Nel primo pomeriggio avevamo raggiunto il Great Shelf e, rimontata la tenda, avevamo lasciato passare il tempo, finché era calato il sole. La notte il vento era cresciuto fino a diventare un urlo: quando la raffica calava, avvertivamo il silenzio che l'aveva preceduta.

Stamattina si è un po' calmato e senza troppi strattoni, in poche ore ci ha lasciati salire quassù.

Scavare un gradino nel ghiaccio è un lavoro lungo e faticoso; ogni tanto ci sediamo a prender fiato e, affacciati dal "balcone" del seracco, guardiamo giù per vedere se arrivano Jorge e Martin.

Basta: la piazzola è sufficiente e per un paio di notti può bastare; montiamo la tenda, riempiamo il sacco con la neve ed entriamo a stenderci e riposare.

Duecento metri sotto di noi, sul grande pianoro le spedizioni hanno montato il loro campo; vediamo arrivare qualche sherpa: li riconosciamo dalle dimensioni dello zaino. Ma del gruppone di alpinisti in salita per la cima non c'è neanche l'ombra. Non si vedono nemmeno i nostri amici. Chissà perché.

Forse all'ultimo momento c'è stato un cambio nelle previsioni e, come era successo nel 2009, tutti hanno deciso di aspettare sotto, al campo a sei e otto.

E noi che cosa facciamo? Restiamo qui o proviamo ad andare su? In un attimo decidiamo: se stiamo fermi un giorno a queste quote così alte, l'indomani potremmo non avere più le forze per proseguire. Meglio partire lo stesso stanotte; se c'è stato un cambio nelle previsioni, non sarà mica così radicale!

Accoccolati dentro il seracco, neanche il vento riesce a raggiungerci e, immersi nel silenzio, dalla porta aperta guardiamo la montagna, sopra e sotto di noi.

La luce del sole che tramonta avvolge calda la corona di roccia delle cime e poi scorre scintillando lungo i pendii di neve; sotto, un mare arruffato di nuvole riempie le vallate fino all'orizzonte: solo le cime più alte riescono a spuntare dai suoi flutti. Al campo base un altro giorno è finito.

Immersi nella consolante vastità dell'universo, Romano e io con lo sguardo abbracciamo l'orizzonte. È un attimo di grande chiarezza: aboliti fini e giudizi, siamo finalmente liberi; e quel che troviamo nel vuoto invalicabile al culmine della Terra siamo soltanto noi stessi, impregnati da questa luce che avvicina al segreto del mondo.

Ecco cosa ci facciamo qui: semplicemente stiamo ad ascoltare, senza rimandare la felicità a dopo.

Lente le ombre si allungano nel sole e, silenziosa, arriva la notte.

Sciogliere la neve, bere, mangiare, preparare il materiale: una sequenza di gesti sempre uguale e acquietante come la liturgia di un rito. Fra noi solo poche e semplici parole, appena sussurrate nel silenzio.

Spegniamo la lampada frontale per risparmiare le batterie.

Al buio l'occhio, strumento della luce, deve cedere il passo e lasciare la guida agli altri sensi, al tatto, all'udito per ascoltare e percepire i suoni della notte. Il mormorio del vento, il rigagnolo di neve che scivola dal seracco sulla tenda, gli schiocchi del ghiaccio che si tende. E il respiro profondo e lento della Terra che porta la tranquillità di ciò che non muore; chiusi gli occhi, ci affidiamo alla montagna.

La sveglia suona dopo appena un paio d'ore: sono le 22,30 e bisogna cominciare a prepararsi.

Di nuovo scaldare l'acqua per un caffè e due biscotti; e poi, senza fargli prender fuoco, intiepidire gli scafi sul fornello, prima di calzarli. Per un paio di minuti ne conserveremo il tepore, poi svanirà e i piedi cominceremo a risentirli domani, quando torneremo giù.

Sappiamo che saremo soli verso la cima perché nessuna luce è in cammino, ma non abbiamo paura.

A mezzanotte e mezza esco per prima dalla tenda. Al buio aggancio con cura i ramponi e assicuro la piccozza all'imbracatura.

La progressione quassù in cima al mondo è legata anche a questi attrezzi, che devono essere sicuri e sensibili come fossero una parte di noi stessi. Un prolungamento degli arti a cui è legata anche la vita; perché all'errore di adesso potresti non poter rimediare dopo, in parete, se soltanto si sgancia un rampone o perdi la piccozza. Una noncuranza che ti farebbe precipitare in un incubo, con la differenza che da sveglio dovresti poi inventarti una maniera per salvarti.

Inizio a salire. Montagna, abbi cura di noi. Da parte mia, cercherò di fare di ogni passo il mio passo più importante.

Adesso l'ho capito: la strana sensazione di dover vivere ogni attimo come fosse l'ultimo è un buon presagio.

Superato il salto del seracco, imbocco il canale di neve.

Un colpo di piccozza, rampone destro e poi il sinistro; chiusa dentro il cono di luce della frontale, tutto il resto pare ancora più nero. Salgo a passi lenti e tengo il conto: fino a trenta e poi, in premio, due minuti di riposo.

Appena ferma, spengo la lampada per risparmiare batterie e mi accorgo che la luna ha steso sulla montagna un velo di luce a indicarci la via. Grazie, questa volta non sbaglieremo.

Anche Romano si è incamminato; la sua frontale è sbucata oltre il seracco.

Nel naso non sento pungere l'odore del freddo e anche il viso, unico lembo di pelle esposto, mi avvisa che la temperatura non è estrema.

Neanche adesso gli occhi hanno il comando perché non sono ancora loro i primi a sapere quello che succede: è il tatto che ci dice cosa abbiamo fra le dita e sotto i piedi, che ci informa della consistenza della neve e sulle corde da manovrare attenti, e poi c'è l'udito che riconosce il vento e il silenzio che scricchiola sotto i ramponi di Romano che si avvicina, mi raggiunge e passa avanti.

Il pendio si è raddrizzato, ma sento che lui sale regolare; sempre più distante, ogni tanto scorgo il lampo di luce della sua frontale.

Per i primi duecento metri oltre il seracco abbiamo trovato le corde fissate dagli sherpa, poi più niente. Il vento forte dei giorni scorsi ha impedito loro di completare il lavoro; anche per questo molti gruppi sono fermi sotto: ad aspettare che gli sherpa partano stasera per proseguire ad attrezzare fino in cima, in anticipo sugli alpinisti che lasceranno il campo qualche ora dopo. Su queste montagne immense, le corde fisse non servono soltanto a salire ma anche a indicare la via verso la cima, e da lassù, ancora in sicurezza, ridiscendere al campo base.

Noi due in cammino, soli e primi di quest'anno, stiamo tracciando la neve intatta e segniamo la via a quelli che verranno.

Lo scricchiolio dei ramponi di Romano mi indica la direzione; lenti e regolari i suoi passi definiscono lo spazio perché, nella voragine di questo buio immenso, lo spazio esiste solo come tempo.

In questa isola di vuoto dove nulla si muove e ogni rumore è sconosciuto, siamo i soli segni di vita: il nostro respiro e il nostro incedere che si muovono dentro il tempo profondo della Terra.

Ogni tanto Romano si ferma ad aspettarmi: per risparmiare il fiato ci scambiamo appena poche parole asciutte e, ancora, per non rompere il silenzio le sussurriamo appena.

Due minuti di riposo e altri trenta passi lungo la scala rischiarata dalla luna. Ogni tanto mi recito una filastrocca rimasta impigliata nella memoria dalle elementari; mi aiuta a dare il ritmo e, prima ancora, a dialogare col mio corpo. Ormai ci conosciamo e so fin dove può arrivare, ma è importante comprendere i messaggi che mi manda perché quassù, nella zona della morte, ogni cellula dell'organismo è consapevole della sua fragilità e il mio dovere più importante è starlo ad ascoltare.

Si sta facendo giorno. Alle nostre spalle, le cime delle montagne già scintillano alla luce radente del sole che sale dagli abissi; intorno a noi, ancora avvolto nel grigio dell'aurora siderale, il paesaggio si apre smisurato.

Laggiù nelle valli, la vita è lontanissima.

Il canale ampio di neve sale fiancheggiato dalle pareti e, qua e là sulla roccia, si vedono penzolare vecchi spezzoni di corda. Ne tagliamo un pezzo di una ventina di metri per legarci in cordata; la scalata si è fatta più difficile.

Alla nostra sinistra, su un'isola di roccia, c'è il corpo di un uomo. Non è caduto, forse non ce l'ha fatta a scendere e, rannicchiato come un feto, si è fermato ad aspettare quassù, ormai per sempre.

Sotto i nostri piedi vediamo spalancarsi il vuoto, mentre sopra la montagna si stringe nell'arco di roccia delle cime dove ormai si arena il canale.

Dove andare adesso?

La relazione ce l'abbiamo stampata nella memoria: «Seguire la rampa che sale obliquando verso destra, fino alla cima principale».

Dal campo base è lontana la vetta e, quando intravedi qualcuno salire, non è che un granello annullato dal bianco.

Con lo sguardo, da laggiù riconosci la logica del percorso e pensi di aver capito, ma quando arrivi quassù, all'ultimo gradino della scala, le dimensioni cambiano e i riferimenti svaniscono.

Ci si può perdere su una via alpina, figurarsi qui, su questa parete sconfinata, levigata nei millenni dal lavorio del vento e della neve e attraversata da sistemi di rampe e cenge, che a volte sono ampie e nevose e spesso strette ed esposte, altre si interrompono e allora bisogna cercarle, e salire e scendere per riprenderne la traccia. La vastità è spiazzante e confonde ogni certezza.

Siamo soli quassù: senza corde a indicare la strada, senza qualcuno a esplorare con noi il percorso e condividere il dubbio della scelta, o anche soltanto a spartire la solitudine. E ancora la difficoltà della scalata, la fatica del batter traccia; ci siamo soltanto noi due: soli e responsabili di vivere in una libertà senza confini. Non ne siamo spaventati: indifesi, Romano e io ci facciamo più leggeri, ci affidiamo alla montagna e chiediamo accoglienza.

Fiutiamo un percorso dentro il sistema di rampe; abbiamo pensato che, casomai diventasse insuperabile, scenderemo nuovamente al canale e saliremo dritti alla cresta per provare a seguirla fino alla cima. Allora il problema sarebbe il vento, che lassù potrebbe essere tanto forte da non lasciarci proseguire;

già qua sotto, che siamo sottovento, lo sentiamo gridare.

Come gradini, uno dopo l'altro si susseguono salti di roccia e canalini strozzati di neve. Le difficoltà crescono e insieme sale anche il vento.

Il cuore pompa frenetico mentre inspiro affannosamente; ci vuole tutta la calma del mondo per affrontare ogni passaggio come se fosse l'ultimo; tutta la fiducia nelle mani e nei piedi accumulata dal corpo negli anni di scalate.

Sempre avanti, Romano so che sta bene; ogni tanto sparisce dietro qualche spigolo e io seguo le sue tracce.

La via continua senza fine, la cima non si vede ancora.

Le raffiche crescono ostinate; ormai oltre le previsioni, soffiano attorno ai cinquanta chilometri orari. Nel cielo cobalto, il sole illumina le cime più alte che spuntano dal tappeto di nuvole steso fino all'orizzonte.

D'un tratto alzo lo sguardo e vedo che Romano mi sta aspettando, guardo più su e scopro che siamo ai piedi della torre rocciosa della cima.

Il fracasso qui è infernale, Romano mi grida nell'orecchio di salire io per prima; per questo mi aspettava.

Scalo goffa quella manciata di metri, con la leggerezza degli ultimi passi in salita.

Alle 12,15 del 17 maggio sono sul confine perfetto della cima: i piedi ancora incredibilmente attaccati alla Terra, dal naso inspiro lo spazio più puro. Tutt'intorno, una voragine d'aria precipita a strapiombo fino ai fiumi di ghiaccio che sgorgano dai piedi della montagna.

D'improvviso mi rendo conto che il vento s'è zittito; forse il dio Kangchendzonga gli ha ordinato di trattenere un attimo il respiro per lasciarci salire quassù.

Grati, a due passi dal culmine sacro, Romano e io ci accovacciamo a terra uno di fronte all'altra.

Dopo cinque anni il Kangchendzonga si è offerto a noi, a noi due saliti soli: a due solitudini unite in coppia verso la cima. Non è gioia che proviamo, soltanto una pace perfetta che ci colma.

La mia macchina fotografica ha dato forfait, ci riprendiamo a vicenda con la videocamera; Romano racconta di quanto è stata lunga e difficile la salita e della discesa ancora più impegnativa che ci aspetta, con i nostri venti metri di corda per calarci in doppia lungo la parete. Adesso è a quello che dobbiamo pensare.

Prima di cominciare a scendere però, c'è un altro grazie: allo sconosciuto fratello genetico di Romano. Perché quassù Romano e io non siamo soli. Insieme a noi ci sei anche tu. È grazie a te che siamo qui, e al tuo gesto sovversivo di aver scelto il dono come valore primo.

Quel valore della cura e dell'essere tesi verso l'altro, che da quassù risuona forte nello spazio.

È ora, è finito il tempo della nostra visita.

Iniziamo la discesa che ancora a tappe ci riporterà al campo base. Là si concluderà la salita, là, di nuovo ai piedi della montagna, si chiuderà il cerchio e potremo dire "cima".

Il muro verticale di roccia richiede che ogni gesto sia preciso e attento mentre ci caliamo col nostro spezzone di corda. Ormai siamo al massimo della stanchezza e al minimo delle forze e non possiamo lasciarci incantare dallo sfinimento; la determinazione deve essere la stessa che abbiamo messo nel salire.

È arrivato il sole e il freddo non lo avvertiamo più; i piedi, sì, quelli continuiamo a non sentirli, fino alle caviglie.

Raggiunto il canale ampio di neve, appena il pendio si appoggia scendiamo più veloci, faccia a valle.

Alle sedici, quando il sole comincia a calare verso l'orizzonte, ci rendiamo conto di non essere sulla via della salita.

Da qualche parte, lassù, abbiamo perso la nostra linea e siamo finiti su uno scivolo di neve che viene giù ripido molto più a sinistra. O forse no, forse è stato soltanto il vento a cancellare le nostre tracce e in questa parete sconfinata, senza il filo d'Arianna delle corde, i punti d'orientamento della notte sono confusi dalla luce del giorno. Ci dobbiamo affidare all'intuito e anche all'istinto, per riuscire a mappare la parete all'ingiù, e fra i salti di roccia e di ghiaccio, trovare il passaggio che ci riporta al punto da cui siamo partiti ormai diciotto ore fa: il nostro bivacco nascosto dentro la pancia del seracco.

Arrivati, ci buttiamo in tenda e iniziamo subito a sciogliere neve per bere finalmente qualcosa.

Nel buio della sera, da fuori arriva lo scricchiolio di passi sulla neve: sono gli sherpa che salgono ad attrezzare la via verso la cima.

La mattina ci svegliamo che il sole è già alto; bisogna lottare contro l'apatia della stanchezza per saltare fuori dal sacco a pelo e, campo e immondizia in spalla, ricominciare a scendere.

È incredibile quanto costi anche il solo programmare un gesto, quando si è così svuotati di ogni forza. Gli zaini stracolmi, lo sfinimento della cima: ogni passo è uno sforzo di volontà che ci sprofonda in un baratro di stanchezza infinita.

A metà pomeriggio siamo ai piedi della montagna; già al margine del ghiacciaio, troviamo Indra e Bahadur seduti ad aspettarci.

19 maggio, campo base.

Ieri anche Jorge e Martin sono arrivati in cima; li stiamo aspettando per riabbracciarli e raccontarci delle salite.

Alla nostra tenda al belvedere metto in ordine il materiale, lo asciugo e lo sistemo nei bidoni per il viaggio di ritorno verso casa. I gesti sono faticosi e lenti come quelli di un bradipo, però sono soddisfatta, nonostante lo sfinimento anche questa volta sono riuscita a portare giù tutta l'immondizia: al seracco a sette e sei avevo dato ai gracchi il cibo avanzato e infilato il sacco dei rifiuti nello zaino insieme con il resto dell'attrezzatura. Era pesantissimo; ogni tanto mi veniva voglia di lanciarlo giù dalla parete, ma avevo resistito.

E così, nemmeno su questa montagna abbiamo lasciato tracce del nostro passaggio: in punta di piedi siamo saliti fin su, abbiamo dato un'occhiata attorno e tolto subito il disturbo.

Mentre il vento cancellava anche le nostre impronte, con l'ultimo passo in discesa Romano e io abbiamo chiuso il cerchio di questa salita cominciata cinque anni fa, quel 17 maggio del 2009.

Forse già prima ce ne saremmo dovuti accorgere: capire che l'ordine era ormai turbato e un nuovo equilibrio andava cercato; i segni c'erano da tempo ma avevamo preferito non vederli.

E allora la montagna aveva deciso per noi: ci aveva portati alla nostra linea d'ombra e, senza inghiottirci nelle tenebre, ci aveva dato la possibilità di tornare a casa, per vivere il vuoto in cui il nostro mondo si andava dissolvendo.

La scansione del nostro tempo non esisteva più: lavoro, spedizioni, programmi, la certezza che la vita ricominciasse tutti i giorni. Immersi nella malattia e nella sofferenza, le vecchie dimensioni erano ormai soltanto illusioni ottiche.

Eppure, nell'abisso che ci risucchiava, stranamente continuavamo a vivere e a ricordare la bellezza della montagna.

Con pazienza il Kangchendzonga ci ha accompagnati tessendo la tela della nostra storia: ha atteso che scalassimo il “quindicesimo ottomila”, e che lungo il cammino incontrassimo uomini e donne che hanno scelto il dono e la cura come valore primo, fino a farci comprendere l’energia rivoluzionaria che nasce dall’“alleanza” fra esseri umani, capace di scombinare le carte e prendere in contropiede le certezze di un futuro che sembrava già scritto.

A quel punto, oltrepassata la linea d’ombra, la montagna ha mantenuto la promessa e non ci ha più fatto aspettare.

Le mie fonti

Questo libro nasce dalla mia esperienza in Himalaya. Per alcuni dettagli e precisazioni ho però fatto riferimento a *Ti telefono a Katmandu. La storia di Elizabeth Hawley* di Bernadette McDonald (Vivalda Editori, Torino 2007) e al documentario *Children of the Snowy Peak* di Mayel Lyang.

Fra le letture che hanno segnato le tappe di queste spedizioni ci sono *La caduta* di Albert Camus (Bompiani, 2008), *La linea d'ombra* di Joseph Conrad (BUR, 2008), *Agnes Browne mamma* di Brendan O' Carrol (Neri Pozza, 2009) e *Cecità* di José Saramago (Einaudi, 2005).

Ringraziamenti

Voglio ringraziare

la Clinica Ematologica dell'Ospedale S. Maria della Misericordia di Udine.

Roberto Giordani, per la strada percorsa insieme.

Marcellino Salvador, il nostro "Mago delle Nuvole".

Tutti gli amici che ci sono stati vicini nella "scalata".

Lydia Salerno, la mia editor, per aver creduto e aspettato cinque anni che si chiudesse il cerchio.

Un ringraziamento speciale

a Erri de Luca, per l'amicizia.

A mia sorella Leila, che per prima ha "visto" la storia e mi ha accompagnata in questi anni.

E a mia madre.

Indice

Finito di stampare nel dicembre 2023 presso
Stampa Rotolito S.p.A. - Seggiano di Pioltello (MI)
Printed in Italy